비
전
선
무
예

허일웅 편저

秘傳 仙武藝

비전 선무예

좋은땅

저자 근영

 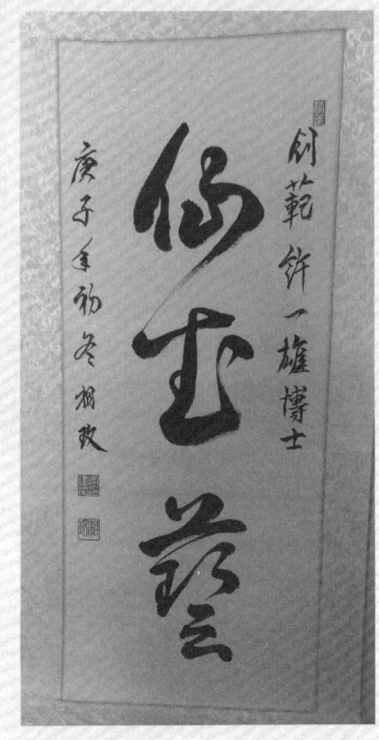

사단법인대한선무예협회 개설 축하 휘호

용인선무예연구소

1962년 5월 고교 3년, 미스터 한영 선발대회 1

1962년 4월 고교 3년 시절 시범

1962년 5월 고교 3년, 미스터 한영 선발대회 2

1962년 4월 학도호국단 간부

1970년 5월 대동류 유술 시연

1970년 서예와 무예

1975년 12월 영국에서 시범

1975년 12월 영국 회원들과

1990년 5월 고 장인목 선생과 함께

2002년 9월 대동류 유술 후계자 승계

1998년 10월 중국
양생태극 전수자 전수식

2001년 일본 메이지신궁 다나카 관장
한일무술교류 표창

2000년 중국 산야 국제타이치대회

2001년 일본 도쿄대학 대동류 시범

1994년 11월 중국 베이징체대 시범

2004년 3월 중국 진식태극권 교류

2004년 제50회 대한체육회 시상식 1

2004년 제50회 대한체육회 시상식 2

2006년 한국무예포럼

1994년 베이징대학, 허재원의 무술 시연

1996년 8월 15일 제1회 전국학생우슈선수권대회

2020년 5월 박현옥의 양생풍류선 시범

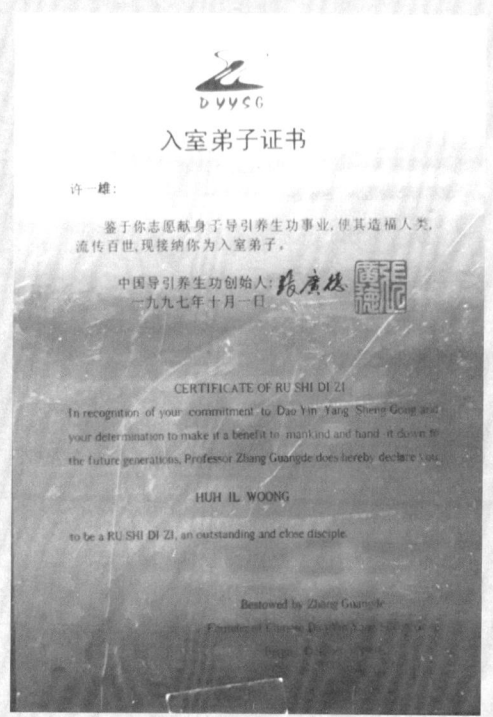 

1997년 10월 양생태극 전수자 증패와 휘서

2012년 9월 중국 국제헬스치궁연합회 집행위원 당선증서

2016년 한중일 헬스치궁연합회 결성

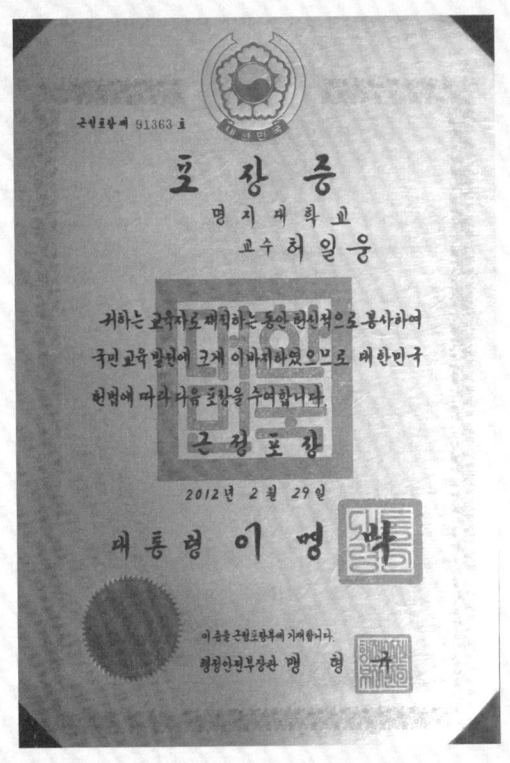

2012년 2월 대통령 포장증

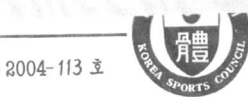

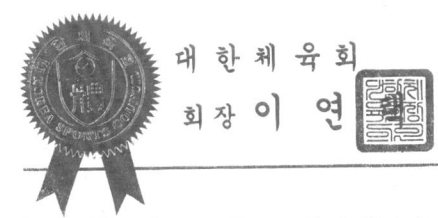

2004년 대한체육회장 장려상장

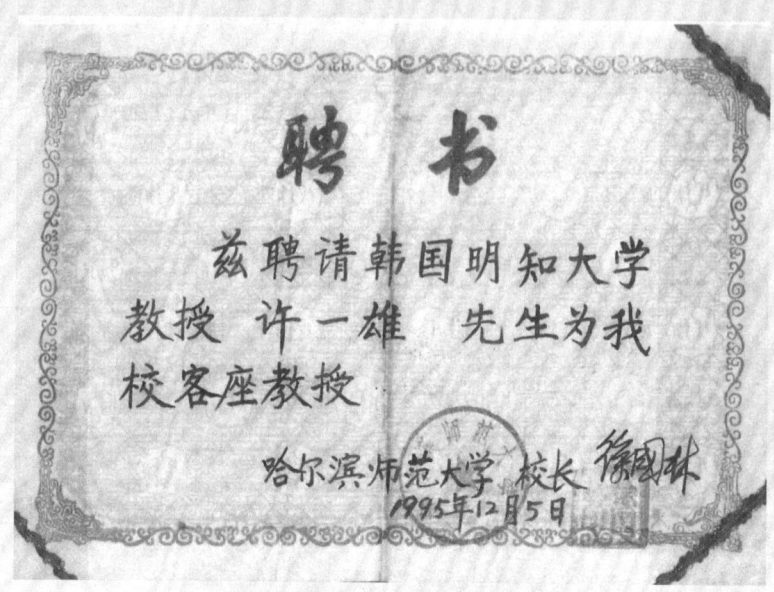

1995년 12월 하얼빈사범대학 객좌교수 초빙서

1999년 8월 중국우슈협회 우슈 7단 증서

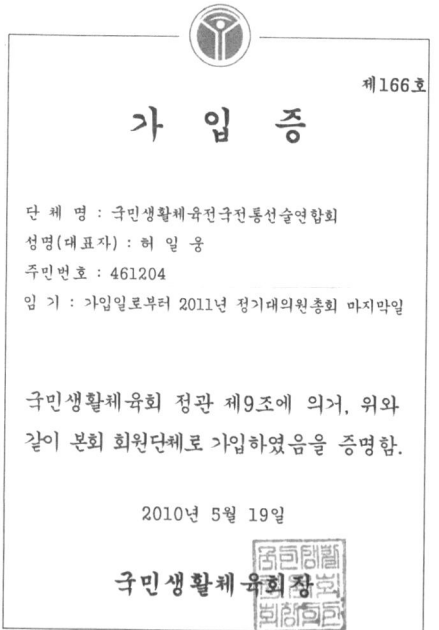

2010년 5월 국민생활체육회 가입증

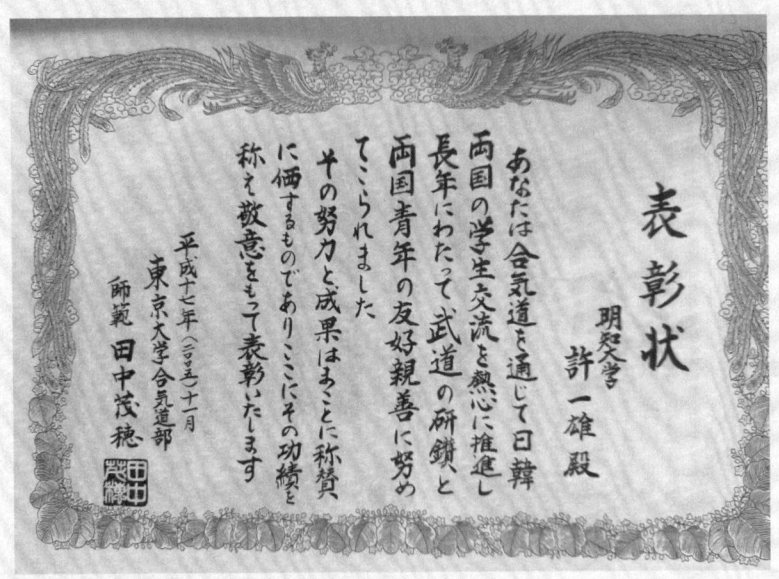

2005년 한일무술교류 공헌표창장

2016년 8월 중국 국제헬스치궁연합회 가맹증

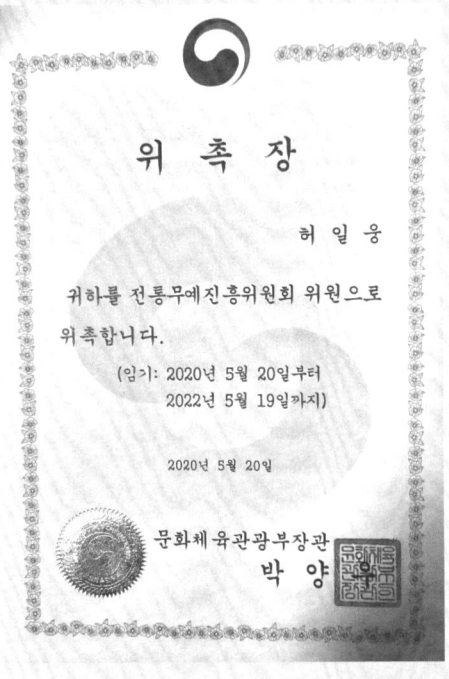

2020년 5월 문화체육부 전통무예위원 위촉장

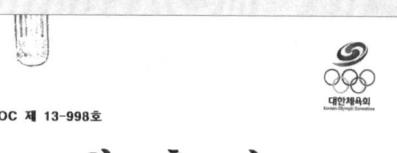

2013년 5월 대한체육회 무예위원회 위촉장

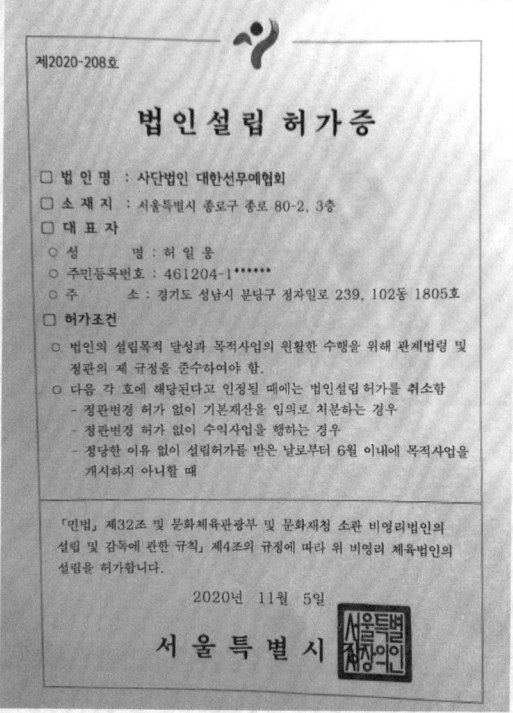

2020년 11월 사단법인 대한선무예협회 허가증

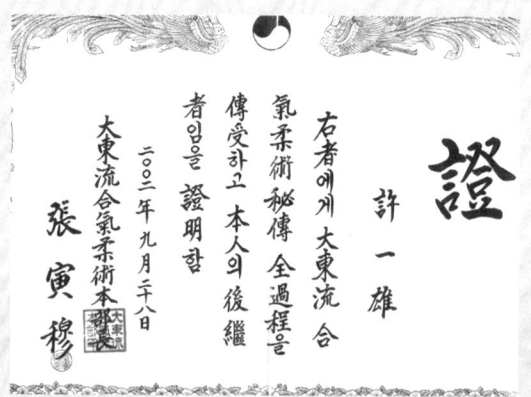

2002년 9월 대동류 유술 후계자 증서

2018년 박현옥 교수 국제헬스치궁 7단 증서

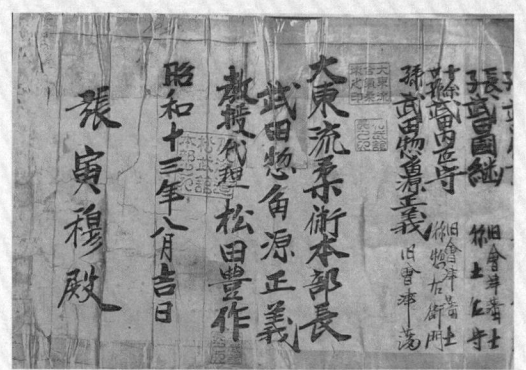
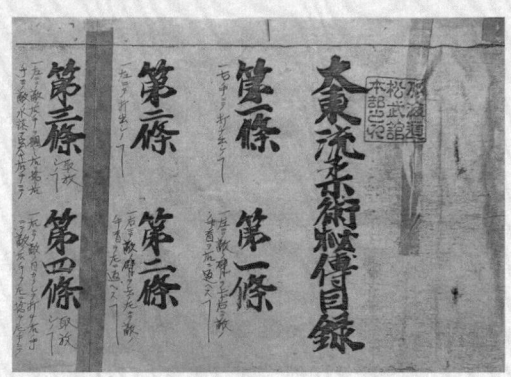

대동류 합기유술 비전 목록 초반 부분(우)과 말 부분(좌)

일본 무술 잡지 《祕傳》 게재 부분

선무예의 창안 의의

　선무예(仙武藝)는 인간이 생존방위 혹은 종족 유지를 위하여 오랫동안의 사회생활과 실천 가운데서 점차적으로 쌓이고 풍부하게 발전하여 온 하나의 귀중한 문화유산이다. 오랫동안 변화, 발전을 하여 온 선무예에는 동양 철학의 지혜, 미학의 정취, 예술학의 운치, 문화학의 정신이 응집되어 있다. 이는 무예 자체를 더욱 완벽하게 하였고, 최종적으로 무예가 상대적으로 온전하고 독립적인 동양인의 특색을 띤 무예 문화 체계를 이루도록 하였다. 민족적인 체육 활동과 문화 현상으로서의 무예는 소박하고 세련되고 실용적이고 아름다운 신체 활동이다.
　무예의 실용적 가치는 확실하게 신체 건강의 목적을 위한 것이다. 이와 동시에 무예는 강렬하고 선명한 표현성과 예술적 심미성의 가치를 갖고 있다. 한민족의 우수한 전통 문화로서의 무예의 핵심적 실질은 보건성, 격투성, 예술성 삼위일체다. 이 세 가지 특성은 무예 창조자들의 깊은 사회 실천과 생활 체험, 정신적 정감과 인생 지혜의 결정체다. 오랜 세월을 거쳐 오면서 무예는 전통적인 체육 활동뿐만 아니라 민족의 문화, 오락 활동으로서 물질과 정신의 두 가지 방면에서 성과를 거두었다. 무예가 장시간 동안 쇠퇴하지 않고 여러 민족의 대중 속에서 발전해 올 수 있는 것은 무예의 보건성과 격투성, 예술성이 서로 결합되어 실용성과 심미적 기능을 서로 통일한 데에 있다. 무예의 이런 근본적인 특성으로 하여 내용이 풍부하고 형식이 다양하고 독특한 기술을 갖춘 여러 가지 종류의 무예 유파와 체계가 형성되었다. 무예의 예술 특성과 심미적 가치에 대한 참다운 연구, 토론은 동방 무예 문화의 풍부한 함의를 전면적이고 심각하게 통찰할 수 있게 한다.
　무술의 발전 역사는 보건성과 격투기성, 예술성 이 세 가지 특성이 어그러짐이 없이 함께 발전해 왔음을 증명해 주고 있다. 여기에서 하나 지적하고자 하는 것은 많은 사람들이 무술의 격투기성과 실용성만을 중시하고 무예의 표현 예술성과 심미적 기능에 대해서는 무시했거나 경시해 왔다는 점이다. 독특한 기술과 풍부한 내재적 함의를 갖고 있는 동양 무예는 격투기 공능만을 갖고 있는 것이 아니며 무예의 진면목을 회복한다는 것을 이유로 격투기만 중시하고 표현예술성과 심미성을 배척하거나 부정해서는 절대 안 된다. 물론 무예의 본질적 핵심은 격투기이고 격투기의 가장 주요한 역할과 목적은 실제 격투를 위한 것이다. 이는 상고시대 야만적이고 잔혹한 투쟁 중에서 부락, 민족의 생존과 이익을 위한 투쟁의 수단이었을 뿐이다. 이러한 격투기의 기능은 오늘날에도 의연히 실용적인 가치를 갖고 있다.

민족의 전통적 체육활동과 문화 현상으로 된 오늘의 무예는 반드시 민족의 정치, 경제, 문화, 예술 등 사회의 발전 환경과 사람들의 정신적 심리 수요에 적응되어야 하며 각종 문화 사상과 각종 사회활동 등 인소의 강렬한 복사와 침투를 받아 형식에서부터 내용에 이르기까지, 양적 변화에서 질적 변화를 겪어 왔다. 특히 선무예는 단순한 기술로서만이 아니라, 깊은 철학적 원리와 심오한 미학적 원리, 그리고 보건학적인 의미가 상호균형을 이루며 발전함으로써 21세기 우리 인간이 추구하고자 하는 삶 속의 양생무예로서 적합하다.

이제 선무예는 우리들만의 수련법이 아니며 동양인들만의 수련법도 아니고, 전 세계인들의 심신수양 무예로서, 이제는 오히려 동양적 신비감에 심취한 서양인들이 더욱 심오하게 접근하고 있다. 선무예는 현대를 사는 사람들이 원하는 것을 충족해 줄 만한 세계인의 양생무예인 것이다. 그 첫째는 현재의 정체성에서 탈피하고자하는 사람들에게는, 동양의 전통이라는 역사성과 철학성으로 충분히 접촉할 만한 가치가 있으며, 둘째는 투쟁과 긴장을 즐기려는 청소년들에게 격투성이 있어 흥미를 유발시킬 수 있을 것이다. 셋째는 건강에 관심이 많은 장년층과 여성들에게는 건강을 지켜 주는 보건성이 여타 종목에 비하여 우수하며, 선무예의 자연스러운 동작의 표현이 대우주의 아름다움을 느끼게 해 줄 것이다.

그러나 선무예를 근시안적으로 보아서는 아니 될 것이다. 과감히 탈피해야 한다. 연원을 살펴보았지만 명칭에 연연하여 뒤를 보기만 하면 제자리걸음을 하게 될 것이다. 이제 승화해야 한다. 역사는 스스로 드러나는 것이 아니라 찾아내어 발전시켜야 한다. 명칭, 역사성, 기술성 등 산적한 문제가 아직도 많다.

이제 우리는 선무예를 다른 시각에서 혼신의 노력으로 발전시켜 나가야 할 적절한 시기에 이르렀다. 선무예를 사랑하는 여러분은 이제 중대한 역사적 과업을 수행해 나가야 한다. 이번 출판이 양생무예의 시금석이 되기를 기대해 본다.

차례

선무예의 창안 의의   18

제1장   선무예(仙武藝)의 이해

1. 선무예의 정의   **26**
2. 선무예의 역사적 고찰   **30**
   1) 단군조선   30
   2) 부도지(符都誌)   32
3. 한국의 선(仙)과 선도(仙道)의 의미   **36**
4. 한국의 선도와 중국의 신선 사상(神仙思想)   **38**
5. 한국 선도의 특성적 고찰   **39**
   1) 복본(復本)과 다물(多勿) 사상   39
   2) 홍익(弘益) 사상   40
   3) 풍류(風流) 사상   41
6. 고대의 실천적 선무예   **45**
   1) 고대 국가의 제천의식   45
   2) 신라의 화랑도(花郎徒)   46
   3) 고구려의 조의선인(皂衣仙人)   48

제2장   선무예(仙武藝)의 이론적 배경

1. 음양오행론(陰陽五行論)   **51**
   1) 음양론(陰陽論)   51
   2) 오행론(五行論)   53

2. 정기신(精氣神)론   **56**
  1) 정(精)과 신(神)   57
  2) 신(神)과 기(氣)   58

3. 경락론(經絡論)   **60**
  1) 경락도   60
  2) 12정경   62
  3) 기경8맥(寄經八脈)   86

제3장   수련 방법론

1. 수련 요소   **89**
  1) 조신(調身)   90
  2) 조식(調息)   91
  3) 조심(調心)   92

2. 수련 방법   **94**
  1) 도인(導引)의 특성   94
  2) 도인의 원칙   96
  3) 화후(火侯)론   96
  4) 운기(運氣)론   97
  5) 호흡론(呼吸論)   99

제4장   수련의 필요조건

1. 잠재력을 충분히 발휘해야 한다   **104**
2. 생사관(生死觀)에 투철해야 한다   **105**
3. 칠정육욕(七情六欲)을 조절해야 한다   **106**
4. 이완법을 숙달해야 한다   **106**
5. 의식을 집중해야 한다   **107**

6. 호흡을 조절해야 한다	**108**
7. 동정결합(動靜結合) 수련을 한다	**109**

제5장　선술(仙術) 공법

1. 풍류도인법(風流導引法)	**110**
1) 풍류도인법의 특성	110
2) 동작별 행법(行法)	112
3) 풍류도인법의 효과	131
2. 환단법(還丹法)	**134**
1) 환단법의 특성	134
2) 공법의 특징 및 수련 주의 사항	135
3) 공법 시 구호와 순서	136

제6장　선무예(仙武藝) 실제

1. 선무예의 3대 특성	**146**
1) 무술성의 특성	146
2) 보건성의 특성	147
3) 예술성의 특성	150
2. 선무예의 특징과 의의	**151**
1) 선무예는 기(氣)의 원운동이다	151
2) 선무예 공법은 경락을 자극한다	153
3) 선무예는 심신(心身)을 동시에 수련한다	155
4) 선무예 동작은 자연스러워야 한다	155
5) 선무예에는 5가지 원리가 있다	156
6) 선무예의 필수적 수련법	157
3. 선무예의 공법 분류	**159**

제7장　양생풍류장(養生風流掌)의 기본 장법과 공법

1. 기본 구성　　　　　　　　　　　　　　　　　　　　　　**161**
  　1) 수형태　　　　　　　　　　　　　　　　　　　　　　161
  　2) 시선법　　　　　　　　　　　　　　　　　　　　　　161
  　3) 신형태　　　　　　　　　　　　　　　　　　　　　　162
  　4) 신행법　　　　　　　　　　　　　　　　　　　　　　162
  　5) 보형세와 행보법　　　　　　　　　　　　　　　　　　163
  　6) 행보법　　　　　　　　　　　　　　　　　　　　　　164

2. 양생풍류장의 기본 장법과 공법　　　　　　　　　　　　**165**
  　1) 기본 장법　　　　　　　　　　　　　　　　　　　　　165
  　2) 양생풍류장 명칭　　　　　　　　　　　　　　　　　　170
  　3) 양생풍류장의 공법　　　　　　　　　　　　　　　　　171

제8장　양생풍류검(養生風流劍)의 기본 검법과 공법

1. 양생풍류검의 기본 검법　　　　　　　　　　　　　　　　**182**
2. 양생풍류검의 공법　　　　　　　　　　　　　　　　　　**188**

제9장　양생풍류봉(養生風流棒)의 기본 봉법과 공법

1. 양생풍류봉의 기본 봉법　　　　　　　　　　　　　　　　**199**
2. 양생풍류봉의 공법　　　　　　　　　　　　　　　　　　**205**

제10장 양생풍류선(養生風流扇)의 기본 선법과 공법

1. 양생풍류선의 기본 선법 **216**
2. 양생풍류선의 공법 **221**

제11장 양생풍류곤(養生風流棍, 또는 우산)의 기본 곤법과 공법

1. 양생풍류곤의 기본 곤법 **232**
2. 양생풍류곤의 공법 **237**

지나온 발자취를 돌아보며 248
부록 - 선무예(仙武藝)로 고대선도(仙道)문화를 부활시킨다 256
참고문헌 267
저자 소개 269

제 1 장
선무예(仙武藝)의 이해

1. 선무예의 정의

동양 3국, 즉 한국, 중국, 일본에서 보편적으로 사용하는 전통체육은 무술(武術), 무예(武藝), 무도(武道)라는 명칭을 가장 많이 사용하고 있고, 또 건강을 위한 정형화된 움직임, 즉 공법(功法)을 도인술(導引術)이라고 한다. 도인술(導引術)이 주로 동양의 주요 종교인 유·불·도(儒佛道) 삼교(三敎)의 특징 중의 하나인 수행(修行), 또는 수련(修煉)을 통하여 긴 역사를 통하여 생성(生成), 발전(發展)되어 왔음은 부인할 수 없는 사실이다. 유·불·도(儒佛道) 삼교(三敎)는 중국을 통하여 한국과 일본에 전래되었기 때문에 주로 삼교(三敎)의 수련(修煉) 방법으로 태동된 도인술(導引術)은 또한 중국의 영향을 많이 받은 것도 사실이다.

선무예(仙武藝)는 동양 삼국의 보편적인 수련문화이며, 양생법인 도인술(導引術)은 한국적 인식(認識)이라고 할 수 있다. 물론 명칭만 선무예(仙武藝)가 아니고 한국적 철학과 생활 문화가 특성적으로 내포(內包)되어 있는 것이 한국의 선무예(仙武藝)다. 선무예는 신라 때 최치원이 언급한 선도(仙道)의 실천적 몸짓이라고 달리 정의할 수 있다. 한국의 선도(仙道)나 선무예(仙武藝)의 정체성을 논의하는 데 최치원의 이 언급은 매우 중요한 사상적, 민족적 그리고 한국의 수련문화에 대하여 매우 중요한 의미를 갖는다.

國有玄妙之道 曰風流 設敎之源 備詳仙史 實內包含三敎 接化群生.

이 글의 내용은 "우리나라에 玄妙한 道가 있으니 이를 風流라 이른다. 그 敎의 기원은 仙史에 자세히 실려 있다. 실로 이는 三敎를 포함하고 있고, 중생을 교화한다."이다. 최치원의 활동 시기는 통일 신라 말인 서기 900년의 전후라고 추정된다. 이 최치원의 비문(碑文) 내용으로 보아 나라에 현묘(玄妙)한 도(道)가 있었는데 그것을 풍류(風流)라 한다. 그리고 그 당시에 《선사(仙史)》라는 문헌이 존재했던 것으로 여겨진다. 선사(仙史)라는 것이 무엇을 의미하는지는 우리나라 민족성의 형성과 선도(仙道)의 정체성(正體性)을 규명하는 데 매우 중요하다. 이는 나라의 현묘한 도(道)인 풍류(風流)와도 관계가 깊을 것이라고 사료된다. 풍류가 곧 선도(仙道)이고 이로 미루어 보아 한국의 선(仙)은 한국인의 생활과 밀접한 관계가 있다.

풍류(風流)는 우리 민족의 멋스럽고, 참되고, 널리 이롭게 하는 생활을 말한다. 이는 선인(仙人)들의 생활이라고 고대 중국인들은 인식하였다. 이는 중국 역사서 《위지(魏誌)》를 비롯한 고대의 여러 문헌에 기록되어 있다. 중국과 한국의 문화와 사상을 모두 접한 최치원은 이것을 '玄妙之道'라고 하였고 《선사(仙史)》에 자세히 기록되었다고 하였다.

풍류(風流)가 생활의 정체성을 나타낸다고 한다면 그 풍류(風流), 즉 생활의 몸짓이 선무예(仙武藝)다. 선무예(仙武藝)를 두 가지 측면으로 볼 수 있는데, 광의(廣義)의 선무예의 선술은 풍류(風流)의 보편적인 몸짓을 뜻하고, 협의(俠義)로는 그중에 무술(武術)에 대한 몸짓이라고 범위를 한정할 수 있다. 선무예(仙武藝)의 정체성을 세우기 위해서는 먼저 선(仙)의 개념을 확립하여야 한다. 이현수(2009)의 〈한국 선도(仙道)의 발생 연원(淵源)과 그 특성에 관한 연구〉에서 인용함으로써 그 개념에 대해 설명하고자 한다.

중국과 한국의 하늘 관(觀)을 비교하면 '중국적인 천(天)의 개념은 인간적이기보다는 언제나 인간에 앞서는 그리고 인간보다 더 높은 그 무엇으로서의 천(天)이라고 했다. 하지만 한국의 선(仙)에 담겨진 천(天)의 의미는 중국의 그것과는 다르다. 기본적으로 유가(儒家)적 천(天)의 그와 같은 공능과 존재성을 인정하면서도 현실적 의의에 있어서 한국의 하늘은 보다 인간에 가깝고 친근한 개념으로 변화되어 갔으며, 인간에게 좀처럼 앞서가지 않으며 그냥 그렇게 인간의 삶과 세계에 더불어 함께하는 의미로서 자리 잡고 있다.'고 하였다(민영현, 1998). 이와 같은 민영현의 견해도 그 속을 깊게 헤아려 보면 중국이 인간과 차별하여 두려워하고 숭배의 대상이라면, 한국의 하늘에 대한 생각은 인간과 친화적이라고 하였는데, 이는 위에서 언급한 한국에서의 선(仙)의 개념을 설명할 수 있고, 또 증거(證據)할 수 있는 견해라고 하겠다. 중국은 전통적으로 유가(儒家)와 도가(道家)의 문화가 깊게 영향을 끼쳤다고 할 수 있다. 유가는 인간의 관계론적인 윤리를 중요시하여 바른 정치를 행하여 평천하(平天下)에 이르는 것을 강조한 것이라면, 도가(道家)는 유가(儒家)의 인위적(人爲的)인 노력보다는 자연(自然)과 무위(無爲)를 주장하여 중앙집권적인 전체의 질서보다는 개인의 무위적이고 근원으로 돌아가려는 귀근복명(歸根復命)하는 수련을 통하여 신선(神仙)과 같은 목표에 이르는 이른바 신선사상(神仙思想)이 도교를 중심으로 발전하였다. 따라서 갈홍(葛洪)의 포박자(抱朴子)에서 논하는 신선사상(神仙思想)과 같이(장영창, 2003) 중국은 인간의 노력을 통해서 신(神)과 같아지려는 목적론적(目的論的)인 의도에서 신선사상(神仙思想)이 태동하였다면, 한국의 선(仙) 사상은 신(神)의 자손이라는 본질적(本質的)인 특성에서 출발하였다고 결론지을 수 있다.

이 내용으로 보면 중국과 한국에서의 선(仙)의 인식(認識)은 본질적으로 다르다는 것을 알 수 있다. 선무예(仙武藝)는 이러한 한국인의 본질적 사상이 배어 있는 몸짓이다. 먼저 광의(廣義)의 측면에서 선무예(仙武藝)를 살펴보면 생활의 안정성 보장을 위한 자위(自衛)의 수단으로 그리고 생활의 영위를 위한 도구의 목적으로 발전한 것이 무술(武術)이다. 한국의 무술(武術)은 중국의 그것과 같이 형식과 기록에 치우치지 않고 생활을 통한 자연스러운 몸짓이 주를 이룬다. 생활의 도구로 만들어진 활, 하늘에 제사(祭祀) 지내고, 모여서 즐기는 목적으로의 씨름, 지게를 지고 가다가 위험에 직면하였을 때 작대기를 활용한 곤술(棍術), 멋스러운 발짓으로 상대를 제압하되 살생(殺生)에 이르지 않는 권법 등이 선무예(仙武藝)로서 싸움 기술의 다른 무술과 차별되는 살림의 무술(武術)이다.

우아한 몸의 움직임과 아름다움이 표현되는 한국의 춤, 풍년을 노래하고 신명나는 몸짓으로 심장의 박동을 표현하고 모두를 즐겁게 집중시키는 사물놀이, 사당놀이, 생활을 노래하고 노래를 통하여 권선징악(勸善懲惡)을 교육하는 판소리, 마당놀이, 강강술래, 성벽 밟기, 고 싸움, 기마전, 제기차기, 윷놀이, 자치기, 투호(投壺) 던지기 등이 모두 선무예(仙武藝)다. 선무예(仙武藝)는 중국과는 달리 개인주의를 지향하지 않는다. 모두 여럿의 즐거움과 하나 됨을 추구하는 특색이 있다. 풍류(風流) 사상을 이루는 홍익(弘益) 사상이 밑바탕에 깔려 있다.

풍류의 몸짓 중에 사람의 생명을 다루는 우리의 의학도 특이하다. 중국과 일본에서 십여 차례 이상 발간한 《동의보감(東醫寶鑑)》은 우리 민족성을 잘 나타내는 우수한 의학 체계다. 난해한 문자와 신비주의로 가득 찬 중국의 의료 문헌과는 다르다. 실전적이고 환경을 중요시 여기고 임상(臨床)을 강조하고 출처를 정확하게 밝히고 있는, 세계의학문화유산에 등재된 세계적인 의술서. 이것 또한 선무예(仙武藝)다. 선무예(仙武藝)의 사상을 통하여 세계 5대 음식 중의 하나인 김치를 만들어 내고, 세계에서 가장 우수한 문자(文字)로서 다른 나라에 수출까지 하는 한글을 만들고, 세계 최초의 철갑선을 만들고, 그리고 지금은 한국의 대중문화가 다른 나라의 대중문화로 퍼져 가는 한류(韓流) 등 모두가 풍류의 몸짓인 선무예(仙武藝)가 만들어 낸 것이다.

다음은 협의(俠義)의 선무예(仙武藝)인 무술(武術)의 특성에 대하여 살펴본다. 현대적인 협의의 선무예는 선(仙)과 무술(武術)의 결합이라 할 수 있다. 다시 말하면 선도(仙道)와 무술의 결합이고, 결국에는 무술(武術)의 양생(養生)으로의 전환(轉換)이라고 하였다. 현대의 물질문명의 가장 큰 단점은 오히려 발달된 과학이 건강을 위협한다는 것이다. 과학의 발달은 운송 수단의 발달을 가져와 이제는 멀지 않은 거리도 자동차를 타고 갈 정도다. 이로 인해 운동의 부족에 노출된 현대인은 당뇨를 비롯해서 비만과 고혈압 등의 생활습관병[1]에 시달리고 있다. 무술(武術)에서 전환한 선무예(仙武藝)는 동양 전통적 움직임의 요소인 삼조(三調)[2]의 수련에 보다 적극성을 둔 것이다. 세계적으로 각광을 받는, '움직이는 선(動禪: Moving Zen)'이라고 하는 태극권이 무술(武術)에서 양생(養生)으로 전환한 대표적인 경우다.

선무예(仙武藝)의 특징은 움직임에 호흡(呼吸)이 결합되어 그 동작이 완만하고 부드럽다는

---

1) 원래는 성인병(成人病)이러고 불리던 것이 최근에 생활습관병으로 통일하였다. 생활습관병의 특징은 잘못된 생활로 인하여 질병에 노출된다는 것이다. 그리고 그것이 서서히 만성 질환으로 바뀌고 또 합병증을 유발하는 특징을 갖고 있으며, 주로 부유한 선진국에서 많이 발생한다.
2) 움직임의 기본 요소인 마음과 육체, 그리고 호흡의 세 가지 조화(調和)를 말한다.

것이다. 그래서 미학적(美學的)인 면이 나타난다. 호흡(呼吸)과 동작을 결합(結合)한다는 것은 기(氣)의 운용을 뜻하는 것이다. 우리 몸의 근원적인 생명력이라고 할 수 있는 기(氣)를 운용하여 움직이는 것은 원초적인 생명력을 수련하는 것이다. 따라서 선무예(仙武藝)는 그 양생(養生)적 효과가 매우 크다.

풍류도인법과 양생풍류장은 이러한 특색을 지닌 양생공법(養生功法)으로서 효과도 뛰어나다. 무술(武術)의 가장 기본적인 움직임의 요소(要素)인 삼조(三調)의 수련으로 무술(武術) 기능의 향상과 함께 양생(養生)의 효과까지도 수련을 통하여 얻을 수 있다. 선무예(仙武藝)는 현대 과학문명의 발달로 인한 건강의 문제를 해결할 수 있는 방법론이기도 하다.

2. 선무예의 역사적 고찰

1) 단군조선

한민족의 기원을 전하는 개국신화는 고기(古記)를 인용한 《삼국유사》〈기이편(紀異編)〉과 중국의 《위서(魏書)》에 그 내용이 보이며, 이승휴(李承休)의 《제왕운기(帝王韻記)》 등에도 비슷한 내용이 있으나, 일반적으로는 《삼국유사》의 기록을 많이 인용한다. 이에 따르면,

> 옛날 환인천제(桓因天帝)가 삼위(三危)·태백(太白)을 내려다보고 널리 인간 세상에 이익을 끼칠 만한 곳이라 하여, 아들 웅(雄)을 보내 천부인(天符印) 3개를 가지고 가 다스리게 하였다. 웅은 무리 삼천을 거느리고 태백산 신단수(神壇樹) 아래에 내려와서 신시(神市)라 일컬으니, 이가 환웅천왕(桓雄天王)이다. 웅은 풍백(風伯)·우사(雨師)·운사(雲師)를 지휘하여 곡식[穀(곡)]·명(命)·병(病)·형벌(刑罰)·선(善)·악(惡) 등 세상의 360여 가지 일을 다스렸다. 이때 곰 한 마리와 범 한 마리가 있어 한 굴속에 살면서 사람이 되기를 간청하였다. 웅이 쑥 한 줌과 마늘 스무 쪽을 주면서 이것을 먹고 백날 동안 햇빛을 보지 않으면 사람의 모양을 얻을 것이라고 하였는데,

범은 그대로 하지 못하고, 곰은 삼칠일(三七日) 동안 그대로 하여 여자가 되었다. 그러나 결혼할 남자가 없으므로, 웅녀(熊女)는 매일 신단을 향해 아이 가지기를 원하였다. 이에 웅이 남자의 몸으로 가화(假化)하여 이와 결혼하고 단군왕검(檀君王儉)을 낳았다. 단군은 요(堯: 唐高) 즉위 후 50년에 평양성(平壤城)에 도읍하고 나라를 조선(朝鮮)이라 일컬었으며 1500년 동안 나라를 다스리다가 장당경(藏唐京)으로 옮겼고 그 뒤 산신(山神)이 되었다고 하는데…

고구려 벽화 수렵도

또 《삼국유사》에서 인용한 《위서(魏書)》의 내용에서는 "지금부터 2000년 전에 단군왕검(檀君王儉)이란 분이 있어 아사달(阿斯達)에 도읍을 정하고 나라를 열어 조선(朝鮮)이라고 부르니 요(堯) 임금과 같은 때이다."라고 하였다(최호, 2001). 554년 중국의 정사(正史)인 《위서(魏書)》에 기록되어 있다 함은 단군조선의 실체를 중국의 정사에서 인정하였다는 것으로, 단군조선의 역사적 정통성이나 존재의 문제는 거론할 필요가 없다. 이 《삼국유사》의 내용을 보면, 고조선을 연 단군왕검은 하늘에서 지상으로 내려온 환웅(桓雄)과 곰이 사람으로 변한 여자와 사이에서 태어난, 신(神)과 인간(人間)의 자식이다.

단군은 나라를 다스리다가 산신(山神)이 되었다고 기술하고 있다. '선(仙)'이라는 한자의 구성이 '山'과 '사람(人)'의 두 가지가 합쳐서 이루어진 말이라고 볼 때, 단군이 山神이 되었다 함은 바로 '神仙'으로 이해되어야 할 것이다. 이후에 한자라는 문자가 들어와 이의 문자적 표현이 '仙'으로 정착이 된 것이지 우리가 일상적으로 쓰는 '仙'의 의미는 중국의 '神仙'과는 그 바탕이 다르다고 할 수 있다. 즉 한국의 '仙'이라는 개념의 출발은 하늘의 '神'과 지상의 '인간'의 결합으로 탄생한 단군으로부터 시작되었다고 보아야 할 것이다. 이는 한국 선도(仙道)의 정체(正體)성을 정의하는 데 매우 중요한 요인(要因)이다. 따라서 한국의 '仙'에 대한 정체성은 중국과는 다르게 출발되었음이 전제된다.

2) 부도지(符都誌)

《부도지(符都誌)》는 기록 연대가 가장 오래된 한국의 역사서다. 신라 눌지왕 때 박제상이 저술했다는 사서인 《징심록》의 일부다. 1953년에 그 후손인 박금(朴錦)이 그 내용을 발표함으로써 일반에 공개되었고, 1986년 번역본이 출간되어 널리 알려졌다. 현존하는 《부도지》의 내용은 원본의 내용을 연구했던 기억을 복원한 것이라고 한다. 《부도지》는 충렬공 박제상 선생이 삽량주간(歃梁州干)을 맡아보고 있을 때, 전에 보문전 태학사로 재직할 당시 열람할 수 있었던 자료와 가문에서 전해져 내려오던 비서(秘書)를 정리하여 저술한 책이라고, 김시습 선생은 그의 《징심록 추기》에서 추정하고 있다. '부도(符都)'라는 말은 하늘의 뜻에 부합하는 나라, 또는 그 나라의 수도(首都)라는 뜻으로 풀이할 수 있다. 세종대왕은 영해 박씨 종가(宗家)와 차가(次家)의 후예들을 서울로 불러들여 성균관 옆에 기주하게 하고, 장로(長老)에 임명하여 편전(便殿)에 들게 했는가 하면, 김시습 선생은 훈민정음 28자를 이 《징심록》에서 취본(取本)했다고 증언하고 있다. 김은수(2002, 한문화)가 주해(註解)한 《부도지》의 내용 중 일부를 보면,

> 마고성(麻姑城)은 지상(地上)에서 가장 높은 성(城)이다. 천부(天符)를 봉수(奉守)하여, 선천(先天)을 계승(繼承)하였다. 성중(成中)의 사방(四方)에 네 명의 천인(天人)이 있어, 관(管)을 쌓아 놓고, 음(音)을 만드니, 첫째는 황궁(黃穹)씨요, 둘째는 백소

(白巢)씨요, 셋째는 청궁(靑穹)씨요, 넷째는 흑소(黑巢)씨였다. 두 궁씨의 어머니는 궁희(穹姬)씨요, 두 소씨의 어머니는 소희(巢姬)씨였다. 궁희와 소희는 모두 마고(麻姑)의 딸이었다. 마고는 짐세(朕世)에서 태어나 희노(喜怒)의 감정이 없으므로, 선천(先天)을 남자로 하고, 후천(後天)을 여자로 하여, 배우자가 없이, 궁희와 소희를 낳았다. 궁희와 소희도 역시 선천의 정을 받아, 결혼하지 아니하고, 두 천인(天人)과 두 천녀(天女)를 낳았다. 합하여 네 천인과 네 천녀였다.

선천(先天)의 시대에 마고대성(麻姑大城)은, 실달성(實達城)의 위에, 허달성(虛達城)과 나란히 있었다. 처음에는 햇볕만이 따뜻하게 내려 쪼일 뿐, 눈에 보이는 물체라고는 없었다. 오직 8여(呂)의 음(音)만이 하늘에서 들려오니, 실달성과 허달성이, 모두 이 음에서 나왔으며, 마고대성과 마고도, 또한 이 음(音)에서 나왔다. 이것이 짐세(朕世)다. 짐세 이전에, 율려(律呂)가 몇 번 부활하여, 별들(星辰)이 출현하였다.
마고(麻姑)가 곧, 네 천인과 네 천녀에게 명하여, 겨드랑이를 열어 출산(出産)을 하게 하니, 이로부터 12사람의 시조는 각각 성문(城門)을 지키고, 그 나머지 자손은 향상(響象)을 나눠서 관리하고, 수증(修證)하니, 성중(城中)의 모든 사람은, 품성(禀性)이 순정(純情)하여, 능히 조화(造化)를 알고, 지유(地乳)를 마시므로, 혈기(血氣)가 맑았다. 백소씨족(白巢氏族)의 지소(支巢)씨가, 여러 사람과 함께 젖을 마시려고 유천(乳泉)에 갔는데, 사람은 많고 샘은 작으므로, 여러 사람에게 양보하고, 자기는 마시지 못하였다.
(그리하여) 오미(五味)를 맛보니, 바로 소(巢)의 난간의 넝쿨에 달린 포도 열매였다. 일어나 펄쩍 뛰었다. 그 독력(毒力)의 피해 때문이었다.

열매를 먹고 사는 사람들은 모두 이(齒)가 생겼으며, 그 침(唾)은 뱀의 독(毒)과 같이 되어 버렸다. 이는 강제로 다른 생명을 먹었기 때문이었다. 수찰을 하지 않은 사람들은 모두 눈이 밝아져서, 보기를 올빼미와 같이 하니, 이는 사사로이 공률(公律)을 훔쳐보았기 때문이었다. 그런 까닭으로, 사람들의 혈육이 탁(濁)하게 되고, 심기(心氣)

가 혹독하여져서, 마침내 천성을 잃게 되었다.

이에 사람(人世)들이 원망하고 타박하니, 지소씨가 크게 부끄러워 얼굴이 붉어져서, 권속(眷屬)을 이끌고 성을 나가, 멀리 가서 숨어 버렸다.

황궁(黃穹)씨가 그들의 정상을 불쌍하게 여겨 고별(告別)하며 말하기를, "여러분의 미혹(迷惑)함이 심대(甚大)하여 성상(性相)이 변이(變異)한 고로 어찌할 수 없이 성중(城中)에서 같이 살 수가 없게 되었소. 그러나 스스로 수증(修證)하기를 열심히 하여, 미혹함을 깨끗이 씻어, 남김이 없으면, 자연히 복본(復本)할 것이니, 노력하고 노력하시오." 하였다.

이 내용은 부도지 전체 33장 중 7장까지의 주요 부분을 발췌한 것이다. 《부도지》는 비단 우리 민족의 상고사(上古史)만을 기록한 것은 아니다. 《부도지》는 지구상의 모든 인류에 대한 역사로부터 시작을 하고 있다. 위의 7장까지의 발췌된 부분은 인류의 시작을 다른 각도에서 바라본 성경(聖經: Bible)의 창세기와 여러 면에서 그 유사성을 발견할 수 있다. 우선 마고성과 성경의 에덴의 동산이 모두 산(山)에서 시작되었고, 성경에서 천지의 창조는 하나님의 말씀으로 했다고 하는데, 《부도지》 역시 모든 것이 음(音: 소리, 곧 말씀과 동일하다)에서 나왔다고 기록하고 있고, 《부도지》에서 인간의 시조(始祖)들의 대표를 12명이라고 했는데, 성경에서 하나님의 백성인 유대족도 12지파다. 그리고 성경에서는 젖과 꿀을 먹었다고 하였는데, 《부도지》에서도 지유(地乳)를 마셔서 혈기가 맑아졌다고 한다. 《부도지》에서 인류가 마고성에서 나온 이유가 오미(五味)의 변이라고 일컫는 포도를 먹고 그 독력(毒力)의 피해 때문이라고 하며, 포도를 먹은 이후에 다른 생물을 먹은 이유로 치아(齒牙)가 생겼고, 눈이 밝아졌으며, 심기(心氣)가 혹독해져서 마침내 천성(天性)을 잃게 되었다고 기술하고 있다. 마치 성경의 창세기를 읽는 것 같다.

신라의 망부석(望夫石) 설화로 유명하고, 백결(白潔) 선생의 부친이기도 한 박제상은 서기 363~418년에 생존했던 인물로 추정되는데, 이로 보아 《부도지》는 1140년에 쓰인 김부식의 《삼국사기》보다 700년 이상 앞서는 우리나라 최고(最古)의 사기(史記)다. 김부식의 《삼국사기》보다 700여 년이 앞섰다는 것은 그만큼 상고사(上古史)에 대한 사실도가 높다고 추정할 수 있으며, 박제상의 당시 기록이 성경의 창세기의 기록과 유사하다는 것은 시사(示唆)하는 바가 크다. 이는 《부도지》 성경을, 성경은 《부도지》를 상호 신뢰성을 높여 주는 충분한 증거가 되는 것이라고 판단된다.

한편 한국의 상고사학회장을 역임한 율곤(律坤) 이중재는 《부도지》의 사실성을 확보하기 위하여 지구상에서 가장 높다는 파미르 고원을 여러 차례 답사하여, 그곳의 우전(宇田)이라는 높은 고원의 분지형 도시가 성경에 기록된 에덴의 동산과 많이 유사한 점을 발견하였다. 또 우전(宇田)의 중국어 발음이 '우덴'으로 '에덴'과 유사성을 주장하면서 결국 성경의 창세기와 《부도지》의 기록은 같은 대상과 사건의 기록으로 추측된다고 하였다(이중재, 1994).

《부도지》의 기록은 실낙원(失樂園) 이후에 인류는 세계 각처로 흩어지며, 그중에서 마고성의 주도적 지파였던 황소(黃巢)씨 부족이 동북 방향으로 이동하여 단군조선을 세운 것으로 기록된다. 《부도지》에서 한국 선도의 특성에 영향을 미친 것으로는 복본(復本)[3]과 수증(修證)[4]이라고 할 수 있다. 복본(復本)은 마고성 시절을 회복하는 것이고, 수증(修證)은 복본에 이르기 위한 방법론이다. 수증(修證)은 한국 선도의 진정한 수련(修煉)의 방법론이라고 할 수 있다. 이것을 바로 아는 것이 우리 수련 문화의 정체성을 회복하는 데 중요한 관건이라 하겠다.

---

[3] 복본에는 실낙원 이후 낙원의 회복 사상이 담겨져 있다. 이는 고구려 건국 이념인 다물(多勿) 사상과 같이 옛 것을 회복하고자 하는 염원을 의미한다.

[4] 수증(修增)은 수련으로 증명된다는 문자적 의미와 같이 항상 수련을 게을리하지 않음으로 자신의 정체성을 잊지 않는다는 의미가 들어 있다. 이것이 동아시아 보편적 의미인 기공(氣功)과 한국적 수련문화인 선무예(仙武藝)의 차별점이라고 할 수 있다.

3. 한국의 선(仙)과 선도(仙道)의 의미

중국의 고대 역사기록에 나타난 우리 민족에 대한 기술을 살펴보자. 다음은 《후한서(後漢書)》 85권 〈동이열전〉 제75의 기록이다(국사편찬위원회, 1987).

> 王制云 : 東方曰夷 夷者, 柢也, 言仁而好生, 萬物柢地而出, 故天性柔順, 易以道御, 至有君子 不死之國焉. 故孔子欲居夷也

왕제(王弟)에 이르기를 '동방(東方)을 이(夷)라 한다.'고 하였다. 이(夷)란 근본(根本)이다. (그 의미는) 이(夷)가 어질어서 생명(生命)을 좋아하므로 만물이 땅에 근본하여 산출(産出)되는 것과 같다는 말이다. 그러므로 이(夷)는 천성(天性)이 유순(柔順)하여 도리(道理)로써 다스리기 쉽기 때문에 군자국(君子國)과 불사국(不死國)이 있기까지 하다. 그러므로 공자(孔子)도 이(夷)에 살고 싶어 하였다.

또 동이족의 풍습에 대하여 다음과 같이 적고 있다.

> 東夷率皆土着, 熹飮酒歌舞, 或冠弁衣錦, 器用俎豆, 所謂中國失禮, 求之四夷者也

동이는 거의 모두 토착민으로서, 술 마시고, 노래하며, 춤추기를 좋아하고, 고깔을 쓰고, 비단옷을 입으며, 그릇은 조두(俎豆)를 사용하였으니, 이른바 중국이 예(禮)를 잊으면 사이(四夷)에게서 구했던 것이다.

> 其人麤大彊勇而謹厚, 不爲寇鈔, 以弓矢刀矛爲兵, … 食飮用俎豆, 會同拜爵洗爵, 揖讓升降, 以臘月祭天, 大會連日, 飮食歌舞, 名曰'迎鼓'

그 나라 사람들은 체격이 크고 굳세고 용감하며 근엄 후덕하여 다른 나라를 쳐들어

가거나 노략질하지 않는다. 활, 화살, 칼, 창으로 병기를 삼으며… 음식을 먹고 마시는 데는 조두를 사용하며, 회합(會合) 시에는 배작(拜爵), 세작(洗爵)의 예(禮)가 있고, 출입(出入) 시에는 읍양(揖讓)의 예가 있다. 납월(臘月)에 지내는 제천행사에는 연일 크게 모여서 마시고 먹으며 노래하고 춤추는데 그 이름을 영고(迎鼓)라 한다.

고대 중국에서 한국을 군자국(君子國)과 불사국(不死國)이라고 한 것은 추측컨대 이는 자기들과는 차원이 현저하게 다르다는 표현이라고 사료된다. 그 이유는 그 당시 우리의 생활이 하늘의 그것과 같았기 때문이라고 해석할 수 있다. 그 당시 우리의 생활이 바로 선(仙)이었던 것이라고 짐작할 수 있다. 중국의 세계적인 성인(聖人) 공자(孔子)도 우리와 살고 싶다고 한 것을 보면, 그 생활 자체가 하늘에서의 생활과 같았을 것이라고 결론지을 수 있다. 실제로 우리의 생활 용어에는 '선(仙)'이 들어간 말이 수없이 많다. 가장 아름다운 경치를 선경(仙境)이라 하고, 기품이 있고 맵시가 고운 미인을 형용하여 이르는 말을 선자옥질(仙姿玉質), 풍채가 좋고 잘생긴 사람을 선풍도골(仙風道骨), 아름다운 여자를 선녀(仙女) 등으로 부르는 것으로 미루어 보아 옛 조상은 신선(神仙)과 같은 생활을 한 것을 미루어 짐작할 수 있다. 또 조상들의 발길이 스쳤고, 심신수련장이었던 명산대천(名山大川) 가운데 비선대(飛仙臺), 와선대(臥仙臺), 선녀탕(仙女湯), 선유담(仙遊潭), 칠선(七仙)계곡, 선인봉(仙人峰), 신선대(神仙臺), 강선루(降仙樓) 등 신선과 관련된 이름이 수없이 많으며(이승헌, 1992), 신선(神仙)과 관련된 우화도 많이 있다. 이는 우리의 건국신화와 무관하지 않은 것이며, 최치원의 〈난랑비문〉에 등장하는 《선사(仙史)》도 그 당시의 상고사, 고대사일 것이라고 짐작할 수 있다. 이와 같이 한국의 선(仙)은 한국인의 뿌리와 연관된 한국인의 본질과 관계가 깊은 것이고, 선도(仙道)는 선(仙)의 실천적인 삶을 사는 마땅히 지키고 행하여야 할 도리(道理)고, 《부도지》에서는 수증(修證)이라고 표현한 것이다.

윤이흠(2008)은 한국의 선(仙), 선도(仙道)와 관련하여 다음과 같이 말한다.

그런데 선 또는 선도에는 우리 고유의 전통을 갖고 있다고 믿는 것이 지금까지 선 계통이 지켜온 일반적 태도이다. 한마디로 "선(仙)은 우리의 고유문화(固有文化)"라는 확신을 갖고 있다. 선은 우리 고유문화 전통을 지칭하는 용어며, 그 용어가 지칭하는 내용은 우리의 고유문화라는 확신을 지니고 있는 것이 오늘의 실태이다. 이러한 점들은 하루 속히 우리의 고유전통이 무엇인가를 밝혀 재정립하고, 나아가 그 위에서 우리의 고유문화를 세계사회에 활발하게 소개할 준비를 서둘러야 한다는 것을 말한다.

윤이흠은 선(仙)을 한국의 고유문화라고 주장하고 있다. 그에 따르면 선(仙)은 한국 민족의 고유한 특성이자 고유의 문화이고 민족성 형성의 중요한 요소라고 할 수 있다.

4. 한국의 선도와 중국의 신선 사상(神仙思想)

민영현(1998)은 중국과 한국의 하늘관을 비교하면서 '중국적인 천(天)의 개념은 인간적이기보다는 언제나 인간에 앞서는 그리고 인간보다 더 높은 그 무엇으로서의 천(天)'이라고 했다. 하지만 한국의 선(仙)에 담긴 천(天)의 의미는 중국의 그것과는 다르다. '기본적으로 유가(儒家)적 천(天)의 그와 같은 공능과 존재성을 인정하면서도 현실적 의의에 있어서 한국의 하늘은 보다 인간에 가깝고 친근한 개념으로 변화되어 갔으며, 인간에게 좀처럼 앞서가지 않으며 그냥 그렇게 인간의 삶과 세계에 더불어 함께하는 의미로서 자리 잡고 있다.'고 하였다. 이와 같은 민영현의 견해도 그 속을 깊게 헤아려 보면 중국이 인간과 차별하여 두려워하고 숭배의 대상이라면, 한국의 하늘에 대한 생각은 인간과 친화적이라고 하였는데, 이는 앞에서 언급한 한국에서의 선(仙)의 개념을 설명할 수 있고, 또 증거(證據)할 수 있는 견해라고 하겠다.

중국은 전통적으로 유가(儒家)와 도가(道家)의 문화가 깊게 영향을 끼쳤다고 할 수 있다. 유가는 인간의 관계론적인 윤리를 중요시하여 바른 정치를 행하여 평천하(平天下)에 이르는 것을 강조한 것이라면, 도가(道家)는 유가(儒家)의 인위적(人爲的)인 노력보다는 자연(自然)과 무위(無爲)를 주장하여 중앙집권적인 전체의 질서보다는 개인의 무위적이고 근원으로 돌아가려는 귀근복명(歸根復命)하는 수련을 통하여 신선(神仙)과 같은 목표에 이르는, 이른바 신선사상(神仙思想)이 도교를 중심으로 발전하였다. 따라서 갈홍(葛洪)의 《포박자(抱朴子)》에서 논하는 신선 사상(神仙思想)과 같이(장영창, 2003) 중국은 인간의 노력을 통해서 신(神)과 같아지려는 목적론적(目的論的)인 의도에서 신선 사상(神仙思想)이 태동하였다면, 한국의 선(仙) 사상은 신(神)의 자손이라는 본질적(本質的)인 특성에서 출발하였다고 결론지을 수 있다.

5. 한국 선도의 특성적 고찰

1) 복본(復本)과 다물(多勿) 사상

'복본(復本)'의 문자적인 의미는 본래(本來)의 회복을 말한다. 《부도지(符都誌)》에서 마고성(麻姑城)이 오미(五味)의 변으로 변질되면서, 그곳을 떠나 세계 각지로 흩어지면서, 하늘의 생활이었던 마고성의 시절을 회복하려고 다짐한 것이 복본(復本)이고, 이것은 우리뿐만이 아니고 모든 인류의 희망이기도 하다. 특히 우리 민족은 고대로부터 일 년에 한 번씩 모든 무리가 모여 춤추며 노래하며 하늘에 제(祭)를 올리며 축제의 행사를 한 것이 우리의 역사에 동맹(東盟), 영고(迎鼓), 무천(舞天) 등으로 기록되어 있고, 먼저 살펴본 바와 같이 '동이(東夷)는 모두 술 마시고, 노래하며, 춤추기를 좋아하고, 고깔을 쓰고, 비단옷을 입으며, 그릇은 조두(俎豆)를 사용하였으니, 이른바 중국이 예(禮)를 잊으면 사이(四夷)에게서 구했던 것이다.'라고 하였다. 이는 우리의 고대 생활이 무질서하게 춤추고 노래한 게 아니라는 것이, 그들이 예(禮)를 잊으면 우리에게 구했다는 것으로 증명이 된다. 또 멋스러운 생활, 즉 신선(神仙)의 삶을 영위했다는 것을 증명하는 것이기도 하다. 이는 우리 민족이 그 옛날의 하늘의 생활을 그리며, 한편으로는 복본(復本)의 의지를 다지는 행사이며, 또 생활의 일부이었다고 추정할 수 있는 것이다.

'다물(多勿)'은 고구려의 건국 이념이다. 고구려의 건국은 당시 우리 부족 간의 통합이기도 하지만, 중국 한나라가 우리의 지역에 설치했던 한사군과의 대립에서 승리하고, 그들을 몰아내고 나라를 세운 것에 더 높은 의의가 있다. 고구려는 2천 년을 넘게 이어 온 우리의 고대 국가 고조선의 맥을 잇는 목적을 가지고 탄생한 나라다. 그래서 고구려의 건국 이념은 옛 고조선의 계승과 회복에 있다. 다물(多勿)은 그러한 회복의 의지를 의미하는 말이다. 다물(多勿)

의 어원(語源)은 '다 물리다'의 순수한 우리말을 한자를 빌어서 표현한 말로, 과거 고조선의 만주와 중국 본토의 북쪽에 이르는 영토의 회복을 의미한다. 그 의지의 실천은 광개토대왕 때 절정을 이루었고, 또 중국 수·당(隨唐)의 침입을 격퇴하는 원동력이 되었을 것이다.

선도(仙道)가 하늘의 생활과 같은 생활의 도리라면 복본(復本)과 다물(多勿) 사상은 하늘 백성의 본분과 모든 것을 회복하려는 우리 선도(仙道)가 갖는 목적론적(目的論的) 사상(思想)의 특성 중의 하나라고 할 수 있다.

2) 홍익(弘益) 사상

홍익(弘益)은 널리 인간세계를 이롭게 한다는 뜻으로, 국조(國祖) 단군(檀君)의 건국이념이며, 고조선 개국 이래 한국 정교(政敎)의 최고 이념으로, 이 말은 《삼국유사》의 고조선조에 나오는 말이다(최호, 2001). 옛날 환인(桓因)의 서자 환웅(桓雄)이 자주 천하에 뜻을 두고 인간 세상을 탐내어 찾았다. 아버지가 아들의 뜻을 알고 아래로 삼위태백(三危太伯)을 굽어보니 인간을 널리 유익하게(弘益人間) 할 수 있었다. 그리하여 태백산으로 내려와 결국 단군조선을 건국하게 되었는데, 홍익인간은 이때부터 한국의 건국 이념이 되었고, 1949년 대한민국 정부 수립 이후 민주헌법에 바탕을 둔 교육법의 기본정신이 되기도 하였다. 곧 교육법 제1조에는 "교육은 홍익인간의 이념 아래 모든 국민으로 하여금 인격을 완성하고 자주적 생활능력과 공민으로서의 자질을 구유하게 하여 민주국가 발전에 봉사하며 인류 공영(共榮)의 이상 실현에 기여함을 목적으로 한다."고 규정되어 있다.

한국인은 정(情)이 많은데, 정(情)이란 바로 사랑을 말하며, 이 사랑은 어느 한 사람을 특정하게 사랑하는 것이 아니고, 한국 사람의 인간관계에서 나타나는 보편적인 사랑을 말한다. 특히 한국 사람의 열정적인 특성의 그 뿌리는 여러 사람이 유익하고 즐기려는 선(仙) 사상과 홍익(弘益) 사상이 합쳐서 이루어 낸 한국 민족성의 특성이자, 이것이 곧 복본(復本)의 실천의지이자 원리인 선도(仙道)의 특징이라고 할 수 있는 것이다.

이미 언급한 바와 같이 중국의 신선 사상은 개인의 신선이 되려는 목적론적(目的論的)인 수련 사상에서 나왔다고 하였는데, 실질적으로 중국에서 완성된 수련 이론인 내단(內丹) 이론은 모두 난해하고 신비스러운 것이 특징이다. 반면에 같은 내단 수련 이론을 근거로 해서 쓰인 조선 중기 정렴(鄭濂) 선생의 《용호비결(龍虎秘訣)》은 중국의 내단 이론서에 비해서 한국 선도의 특징이 두드러지게 나타난다. 《용호비결》은 중국의 내단서에 비해서 실전적으로 쉽게 알 수 있도록 쓰였고, 곳곳에 구체적인 예를 들어 놓았다. 결론 부분에 정렴 선생은 《용호비결》을 쓴 목적은 중국의 내단 이론서의 왕으로 칭송받는 《참동계(參同契)》[5]가 이해하기가 어려워 비록 수련 이론서가 한 수레에 꽉 찼을지라도 그 이해가 쉽지 않아 수련하는 사람을 사랑하는 마음으로 썼다고 적고 있다(이현수, 2006). 이는 한국 선도의 특징인 홍익(弘益) 사상의 발로다. 한국의 국가적 위기 상황에서 국민 모두가 단결하는 것은 복본(復本)과 홍익(弘益) 사상의 발로라 할 수 있다.

3) 풍류(風流) 사상

풍류(風流)의 사전적 의미는 우아하고 멋스러운 정취(情趣)다. 본래 선인(先人)들, 특히 성현(聖賢)들의 유풍(遺風) 전통을 말하였으나, 점차 고상한 아취(雅趣), 멋스러움을 말하게 되었다. 신라의 최치원(崔致遠: 857~?)이 풍류(風流)를 현묘한 도(玄妙之道)라 하여 유(儒)·불(佛)·도(道) 3교 사상을 포함하고 있고, 《선사(仙史)》에 기록되어 있는, 우리 본래의 것으로 해석한 바 있어 한국의 고유 사상을 의미하기도 한다. 이 의미는 한국의 선도(仙道)와 깊은 관

---

[5] 총 3권으로 후한(後漢) 때 위백양(魏伯陽)이 지었다. 연단, 도교의 신선사상, 《주역(周易)》의 3자가 서로 맞물려 있기 때문에 '참동계'라고 부르게 되었다. 《참동계》는 내용이 매우 어렵고 심오하기 때문에 그 해석이 분분하다. 사람은 정·기(精氣)로 만들어져 있는데 이 정과 기는 바로 음·양(陰陽)이다. 연단은 음양을 잘 조제해 정기를 충실하게 유통함으로써 사람의 건강과 장수를 돕는 데 그 목적이 있다. 도교의 내단(內丹)에서는 각각의 생리에 따른 음양운동의 변화법칙을 잘 파악하는 것이 요구된다. 기욕(嗜慾)을 버리고 오로지 허정(虛靜)한 마음을 지님으로써 원기를 단전(丹田)에 간직하도록 해야 한다. "신운정기(神運精氣)로 결합할 때 단(丹)이 이루어진다"고 하는데 이는 후세의 기공(氣功)과 유사하다. 《참동계》에서는 내적인 수련 외에도 광물을 연소시켜서 만든 금단(金丹)을 복용하면 인체를 보양할 수 있다고 주장한다. 후세에 도교의 수련은 내단·외단의 2파로 나누어졌으나 이들은 모두 《참동계》에 그 근원을 두고 있다. 송대(宋代) 주희(朱熹)의 《주역참동계고이(周易參同契考異)》 1권이 있다.

련이 있다고 보아야 할 것이다. 우선 이에 대한 선행 논문의 견해를 몇 가지 살펴보고자 한다. 먼저 윤이흠(2008)의 견해를 보자.

> 우리 민족의 고유 문화전통의 정체성(正體性)에 대한 분명한 인식이 신라 말의 최치원(崔致遠)이 쓴 '난랑비서문'에서 잘 나타난다. 이 글에서 최치원은 "우리나라에는 현묘지도(玄妙之道)가 있으니, 이를 풍류(風流)라 한다. 이 교를 창설한 근본 내력에 관하여는 선사(仙史)에 자세히 밝혀져 있는데, 사실은 유불선의 삼교(三敎)를 포함하여 중생을 교화하려는 것이다"고 말한다. 첫째, 당나라에 유학을 가서 과거에 급제하고 관직에 있다가 신라로 돌아온 최치원이 "우리나라에 현묘한 도가 있다"고 한 말은, 그가 우리 민족이 한문을 받아들이기 이전부터 이미 고유한 도가 있었다는 사실을 분명하게 주장하는 것이다. 우리의 고유한 현묘지도를 풍류(風流)라고 지적하면서, 그는 그 풍류의 가르침이 전해오는 근본 내력에 관하여는 "선사(仙史)"라는 책에 자세하게 밝혀져 있다고 말한다. 둘째, 최치원이 고대의 "선사"라는 책에 근거하여 풍류를 언급하는 것은 바로, 풍류가 선(仙)의 핵심이라는 사실을 시사한다. 그리고 이어서 "그런데 그 풍류는 실제로는 유·불·도 삼교를 포함하여 중생을 교화하려는 것이다"라고 결론을 맺는다. 이어서 그는 구체적으로 "공자와 노자 그리고 석가"의 가르침을 소개하기 때문에, 그가 말하는 삼교가 곧 유불도(儒佛道)라는 점에서 의심의 여지가 없다. 따라서 선의 이상인 풍류는 삼교의 이상을 모두 포함한 것과 같다는 의미가 된다. 그렇다면 과연 유·불·도 삼교를 포함한 종교나 또는 문화전통이 역사적으로 존재했던가? 셋째, 이 질문을 통하여 우리는 이른바 최치원의 유명한 "포함삼교설"의 뒤에 담긴 그의 진짜 의도를 읽을 수 있게 된다. 그의 의도는, 우리 민족의 고유한 전통은 유·불·도 삼교를 모두 포함한 것에 못지않게 크고 신비로운 힘을 가지고 있어서 만백성을 능히 교화할 수 있다는 점을 강조하는 데 있다. 그리고 그 크고 신비로운 교가 바로 현묘지도(玄妙之道)이며, 그 도가 바로 풍류라고 지적하는 것이다. 최치원의 '난랑비서문'은 앞에서 살펴본 바와 같이, 우리는 중국과 관계없이 독립된 우리 고유의 문화전통을 가지고 있고, 우리의 전통은 한문을 통하여 들어온

유·물·선 삼교를 모두 포함한 것에 못지않게 만백성을 교화할 수 있는 힘을 지니고 있다는 확신을 보여주고 있다. 삼국시대에 우리 민족이 우리 고유의 문화전통을 어떻게 이해하고 있었는가를 잘 보여준다.

윤이흠의 견해는 따로 주석을 붙일 필요가 없을 정도로 논리가 정연하고, 풍류가 우리 고유의 문화전통이라고 주장하고 있다. 다음은 박기동(1990)의 견해를 보자.

이 정신은 우리 한민족에게서 일찍이 자연적으로 발생했던 것이며, 이와 같은 고대 한국인의 인본사상을 보다 현실적으로 구현할 수 있었던 것은 신라의 화랑도였다고 본다. 이와 같은 고대 한국의 주체성에는 '참'을 사랑하고, '멋'을 좋아하며, '조화'를 발현하는 능력을 지니게 되었다. 이들 참과 멋과 조화성은 어디까지나 생명에 근원한 참이었으며, 생명에 근원한 조화였다. 이와 같은 인간상을 조성하기 위해서 취해진 화랑도들의 가장 중요한 수양방식은 서로 도의를 닦는 것(相磨以道義), 서로 음악을 즐기는 것(相悅以歌樂), 명산과 대천을 찾아다니며 즐기는 것(遊娛山川無遠不至) 등이었다.

박기동의 견해는 풍류(風流)는 우리 민족에게서 자연 발생한 것이며, '참'을 사랑하고, '멋'을 좋아하며, '조화'를 발현하는 능력이며, 이를 현실적으로 구현한 예가 화랑도였다고 한다. 이에 대한 이면에는 한국의 민족성과 선도(仙道)와 깊은 연관이 있음을 알 수 있는 견해다. 다음은 박희진(1996)이 숲과 문화에서 정리한 한국 풍류의 정의이다.

(1) 天地人 三才의 균형과 조화 그것이 풍류도이다.
(2) 풍류도의 근원은 단군성조이고 극치는 화랑도다.
(3) 풍류도를 달리 말하자면 大自然敎라 할 수 있다.
(4) 풍류도가 낳은 가장 위대한 학자, 시인이자 道人이 최치원이다.
(5) 儒佛道 三敎도 大自然 품에선 玄妙 하나로 돌아갈 수밖에 없다.

(6) 왜 이 강산은 仙의 나라인가? 풍류도가 있기 때문이다.

(7) 왜 이 나라에 풍류도가 생겼는가? 江山이 더없이 오묘하기 때문이다.

(8) 이 땅에 태어나서 풍류도를 모르면 무슨 보람이 있겠는가?

(9) 풍류도야말로 公害로 죽어 가는 지구촌을 살리는 길이다.

(10) 풍류도가 제대로 행해져야 陰陽五行이 제대로 돌아간다.

이상의 내용을 종합하건대 풍류(風流)란 우리 민족의 시작과 함께한 우리의 생활 자체를 의미한다고 결론지을 수 있다. 풍류(風流)는 하늘에서의 생활이며, 지상에서 하늘을 그리며, 그 생활의 연속이 바로 풍류다. 다시 말하면 풍류가 한국 선도(仙道)의 다른 이름이라고 할 수 있는 것이다. 한국 선도의 문헌적 특징 중의 하나는 중국과 같은 기록이 없다는 것이다. 이러한 이유에 대하여 많은 의견이 있다. 삼국통일을 하면서 당(唐)이 모든 기록을 수레에 싣고 갔다는 설(說)도 있고, 일제강점기에 일본이 우리 민족의 정체성을 말살하기 위하여 조작과 변질을 시도하고 자료를 파기했다는 설 등이 있는데, 그 진정한 이유는 우리 민족의 생활 자체가 멋스럽고 참스럽고, 조화로운 풍류(風流)였고, 그것이 바로 한국 선도(仙道)의 참모습이기 때문이다. 우리 배달민족의 생활과 전통이 곧 풍류이고 선도(仙道)이기 때문에 달리 별도로 학문적으로 연구하여 기록할 필요가 없었던 것이다.

앞서 언급했듯이 《부도지》에서 마고성을 나와 지구촌 곳곳으로 흩어지면서 "그러나 스스로 수증(修證)하기를 열심히 하여, 미혹함을 깨끗이 씻어, 남김이 없으면, 자연히 복본(復本)할 것이니, 노력하고 노력하시오 하였다."라고 당부하는 장면이 나온다. 여기서의 복본(復本)을 위해서 수증(修證)하기를 열심히 한다는 것은 선도(仙道)의 실천, 즉 선무예(仙武藝)의 수련이며, 다시 말해서 참, 멋, 그리고 조화된 생활을 통하여 한(하늘)민족의 성품을 잊지 말자고 다짐한 것이다. 이른바 이것이 한국의 풍류도(風流道)이며, 그것은 한(하늘)민족의 현묘(玄妙)한 도(道)이자, 선도(仙道)이며, 유·불·도(儒佛道) 삼교(三敎)가 포함되는 크고 넓은 도(道)인 것이다.

종합하여 살펴건대 흰옷을 즐겨 입고 한(하늘)을 잊지 않는 것이 풍류(風流)이며, 한국 무용의 고운 선과 조용하면서도 우아한 멋이 한국의 풍류이며, 심금을 울리는 대금과 너무나도 인간스러움이 배어 나오는 가야금의 산조(散調)가 한국의 풍류(風流)이며, 심장의 고동 소리에 공명하듯 열정적인 타악기의 하모니인 사물놀이의 고동소리가 한국의 풍류이며, 세계적인 건강식품인 김치가 한국의 풍류의 맛이며, 국가의 큰일에 누가 뭐라고 말하지 않아도 촛불을 들고 함께 밤을 지새우는 것도 한국의 풍류이며, 그리고 한꺼번에 400만 명이 거리로 쏟아져 나와서 월드컵을 즐기는 것도 한국의 풍류이며, 그리고 멋스러움 속에서도 예(禮)를 잃지 않고, 참에서 벗어나지 않는 것이 우리 한(하늘)민족의 원래 생활이며, 풍류(風流)다.

6. 고대의 실천적 선무예

1) 고대 국가의 제천의식

중국의 《후한서》에 기록된 우리 민족에 대한 기록을 다시 살펴보자.

> 其人麤大彊勇而謹厚, 不爲寇鈔, 以弓矢刀矛爲兵, … 食飮用俎豆, 會同拜爵洗爵, 揖讓升降, 以臘月祭天, 大會連日, 飮食歌舞, 名曰'迎鼓'

> 그 나라 사람들은 체격이 크고 굳세고 용감하며 근엄 후덕하여 다른 나라를 쳐들어 가거나 노략질하지 않는다. 활, 화살, 칼, 창으로 병기를 삼으며… 음식을 먹고 마시는 데는 조두를 사용하며, 회합(會合) 시에는 배작(拜爵), 세작(洗爵)의 예(禮)가 있고, 출입(出入) 시에는 읍양(揖讓)의 예가 있다. 납월(臘月)에 지내는 제천행사에는 연일 크게 모여서 마시고 먹으며 노래하고 춤추는데 그 이름을 영고(迎鼓)라 한다.

이는 부여(夫餘)의 제천의식인 영고(迎鼓)에 대한 중국 역사서의 기록이다. 영고(迎鼓)는 한(하늘)민족의 축제다. 그들이 묘사한 우리 민족은 노래하고 춤추되 예(禮)가 있고, 용감하되 다른 나라를 쳐들어가거나 노략질하지 않는다고 하였다.

고구려의 제천의식인 동맹(東盟)에 관한 기록은 《위지(魏志)》, 《후한서(後漢書)》 등에 처음 보인다. 《후한서》에는 '10월에 하늘에 제사하고 대회(大會)하니 이름 하여 동맹이라 한다. 그 나라 동쪽에 대혈이 있는데 수신이라 부르고, 역시 10월을 맞아서 하늘에 제사한다'고 기록하였다(국사편찬위원회, 1987). 《위지》〈동이(東夷)〉에도 '5월에 씨뿌리기를 마치고 난 뒤와, 10월에 농사를 마치고 나서도 하늘에 제사했다'는 기록이 있다. 동맹은 고려의 국가적인 제천행사인 팔관회(八關會)로 계승되었음을 《송사(宋史)》 등의 기록에서 알 수 있다.

상고시대 예(濊)에서 행했던 제천의식(祭天儀式)이 무천(舞天)이다. 농사를 마치고 해마다 음력 10월에 택일하여 높은 산에서 공동으로 큰 제사를 지내고, 춤과 노래를 즐겼다. 이것은 부여(夫餘)의 영고(迎鼓), 고구려의 동맹(東盟)과 같이 하늘과 태양에 대한, 일종의 추수감사제(秋收感謝祭)의 성질을 띤 제천의식으로 부락민 사이의 친목을 도모하고 하늘을 그리워하며 즐기기 위한 풍속으로도 볼 수 있다. 《위지(魏志)》의 〈동이전(東夷傳)〉에 "항상 시월에는 밤낮으로 술을 마시고 춤을 추는데 이것을 무천이라 한다(常用十月祭天 晝夜飮酒歌舞 名之舞天)"고 한 것은 이를 말한 것이다.

이와 같은 고대 국가의 제천의식은 한(하늘)민족으로서의 본질적(本質的)인 본성(本性)의 발로라고 할 수 있다. 곧 이것이 풍류(風流)의 의식이며 선도(仙道)의 행사라고 할 수 있다.

2) 신라의 화랑도(花郞徒)

화랑도(花郞徒)는 《화랑세기》에 의하면 선무에 수련을 하는 무리다. 화랑도는 국선도(國仙徒), 낭도(郞徒), 원화도(源花徒), 풍류도(風流徒), 풍월도(風月徒), 향도(香徒)라고도 한다. 단체정신이 매우 강한 청소년 집단으로서 교육적·군사적·사교단체적 기능을 가지고 있다고 할 수 있다. 이 단체의 지도자를 흔히 화랑(花郞)이라 하는데, 화랑은 일명 국선(國仙), 선랑(仙郞), 풍월주(風月主), 화주(花主)라고도 한다. 풍월주는 각 곳을 다니며 수련하므로 바람과 달의 주인이라는 뜻에서 이렇게 불렀다.

《삼국지(三國志)》, 《후한서(後漢書)》 등에 의하면 삼한시대(三韓時代)에 이미 마을 청소년

들이 그들 고유의 집회소를 가지고 있었으며 견디기 힘든 시련행사를 즐겁게 받았다고 한다(국사편찬위원회, 1987). 화랑도는 신라 고유의 신분제도인 골품제도와 같은 혈연주의 원리에 입각하여 만들어진 단체가 아니라 혈연을 초월하여 자신들의 의사에 의하여 결성된 일종의 결사체로 일정한 기간을 정해 놓고 단체생활을 하였다. 이 기간 동안 구성원들은 경주 부근의 남산이나 금강산·지리산 등 명승지를 찾아다니면서 국토에 대한 애착심을 기르는 한편 도의(道義)를 연마하였다. 화랑도는 이러한 조직과 수양을 통하여 독특한 기질과 기풍을 지녔다. 즉 위로는 국가를 위하고 아래로는 벗을 위하여 죽으며, 대의(大義)를 존중하여 의에 어긋나는 일은 죽음으로써 항거하고, 국가를 위하여 용감히 싸우다가 전사함을 찬양하며, 오직 앞으로 나갈 뿐 뒤로 물러섬을 부끄럽게 여겨 적에 패하면 자결할망정, 포로 됨을 수치로 아는 등 장렬한 기백과 씩씩한 기상을 함양하였다.

화랑도는 그 독특한 무사도로 유명하다. 《삼국사기》에 의하면 이 시기에는 화랑뿐 아니라 낭도나 일반 명사들까지 국가를 지키기 위해서는 목숨을 아끼지 않는다는 무사도 정신으로 가득 차 있었으며 화랑 출신의 장군들이 모범을 보였다. 660년 김유신(金庾信) 장군 인솔 아래 백제를 공격할 때 신라군의 사기를 드높인 화랑 관창(官昌)·반굴(盤屈)의 용맹과 672년 김유신의 아들인 화랑 원술(元述)이 석문전투(石門戰鬪)에서 당나라 군사와의 싸움에서 보여 준 용맹함은 널리 알려져 있다(최호, 2001). 진평왕 때 원광법사(圓光法師)가 제정한 세속오계(世俗五戒)는 신라 화랑의 지도이념을 잘 나타내고 있다. 충(忠: 事君以忠)·효(孝: 事親以孝)·신(信: 交友以信)·용(勇: 臨戰無退)·인(仁: 殺生有擇)의 5계 가운데 그들이 특히 소중하게 여긴 덕목은 충과 신으로서, 이것은

화랑 임신서기석

시대적으로 화랑도의 제정부터 삼국 통일까지가 신라 역사상 국난기였던 것과 관련이 깊다. 화랑도는 삼국 항쟁이 치열하게 전개되기 시작한 진흥왕 때 제정되어 삼국 통일을 이룩할 때까지 크게 활기를 띠었다.

한편 화랑도의 수련에서 빼놓을 수 없는 노래와 춤은 화랑도의 인격 형성, 나아가 세계관 형

성에 놀이가 큰 역할을 하였음을 알 수 있다. 최치원(崔致遠)의 〈난랑비서(鸞郎碑序)〉에는 풍류도라는 고유의 가르침이 있어 화랑도는 그 가르침을 받들어 수련한다고 하여, 자유스러움과 호방함을 보여 주는 선풍(仙風)과 유교·불교·도교의 3교를 포괄하여 이루어진 풍류도가 화랑의 기풍과 정신세계의 한 바탕이 되었음을 나타내고 있다.

신라의 화랑도(花郎道) 정신은 바로 이러한 풍류사상을 기반으로 하여 이루어진 것이며 화랑도를 바로 풍류도(風流道)라 하기도 하고, 우리 고유의 선도(仙道) 수련 단체이며 그 사상은 《부도지》에서 다짐하는 수증(修證)에서 비롯되었다고 할 수 있으며, 달리 풍류 사상이라 하기도 한다. 이러한 사상이 고려·조선시대로 이어지면서 지성(知性)적으로는 선비 정신을 낳게 했고 예술·문화적으로는 장(匠)의 정신으로 이어져 선(線)으로 가락(歌樂)으로 여백(餘白)으로의 한국미(美)를 창조해 내는 동력이 되기도 하였으며, 지금의 한류(韓流)로 이어진 것이다.

3) 고구려의 조의선인(皂衣仙人)

조의선인(皂衣仙人)이란 '검은 빛깔의 조복(皂服. 皂: 검은 비단 조, 검을 조, 사실은 白밑에 十또는 七임)을 입은 선인'이란 뜻으로 선배 또는 선비라 불렀다. 선배는 고구려의 10월 제천 행사에 모인 군중 앞에서 무예를 선보인 데서 비롯되었고, 선인(先人 또는 仙人)은 선배의 이두(吏讀)식 표기이다. 사냥과 가무, 무예 등의 여러 경기에서 승리한 사람을 선배라 불렀고 이들은 국가에서 급료를 받아 생활하면서 무예와 학문을 갈고 닦았다. 전시에는 이들이 자체부대를 조직하고 전장에 나가 정예군으로 활동했다. 선배는 머리를 짧게 하고, 검은 옷을 입었으므로 전형적인 무사를 연상시킨다. 선배는 화랑보다도 훨씬 오래되었다.

화랑은 원화(源花)라는 여성에서 비롯되어 나중에 좋은 가문의 청년 중에 덕행 있는 자를 곱게 치장하여 화랑으로 만든 것에서 보듯이 외모와 몸치장을 중시하여 여성적인 반면 선배는 매우 남성적이다. 선배의 독특한 외양 때문에 고구려와 전쟁을 하였던 수, 당의 병사들은 이들을 승군(僧軍)으로 착각하기도 했다. 그래서 고구려를 숭상(崇尙)한 고려의 최영 장군조차 '당이 30만 대군으로 고구려를 침략하나 고구려는 승군(僧軍) 3만을 내어 이를 대파하였다'

고 선배를 찬양하였다. 《고려도경(高麗圖經)》(원명은 화봉사고려도경(宣和奉使高麗圖經). 송(宋)나라 휘종(徽宗)이 고려에 국신사(國信使)를 보낼 때 수행한 서긍(徐兢)이 송도에서 보고 들은 것을 그림을 곁들여서 기록한 책)에 나오는 재가화상(在家和尙)은 선배의 후예로 알려져 있다.

조의선인의 눈부신 활약이 기록으로 보이는 것이 안시성 전투였다. 당태종의 당군(唐軍)은 요동의 여러 성들을 차례로 함락시키고 많은 공성기구(攻城機具)를 사용해 안시성을 맹렬히 공격했지만 고구려군의 완강한 저항으로 실패했다. 그래서 당태종은 60일 동안 50만을 동원하여 성을 내려다보고 공격하기 위해서 성의 동남쪽에 높은 토산을 쌓게 했는데 토산이 무너져 안시성 성벽을 치는 바람에 성벽 일부가 붕괴되어 매우 위태로운 상황이 되었다. 이때 고구려군 결사대가 일제히 돌격하여 당(唐) 군을 물리치고 토산을 점령해 버리고 주변을 깎아 나무를 쌓아 불을 놓고 지키니 얼씬도 못했다고 한다. 기록은 이 장면을 "이때 성안에서 검은 옷을 입은 백 명의 용사가 뛰어나와 천장의 거미줄을 걷어 내듯 당나라 2만 기병을 산 아래로 팽개치고는 오히려 토산을 차지해 버렸다"라고 적고 있다(최호, 2001). 이 검은 옷의 용사(勇士)들을 조의선인이라 부른다. 당시 고구려의 조의선인은 3만여 명에 달했고, 그 수장은 연개소문이었다고 한다.

조의선인은 선비제도라는 특별한 교육체계에 의해 양성되는 문무겸전의 인재들이다. 이들은 대체로 유년의 어린 나이에 선발되어 신체 발달에 부응하는 매우 정교한 지적, 정서적, 신체적 훈련과 교양을 통하여 보다 완벽한 심신의 능력을 갖게 된다. 조의선인은 누구보다도 사물과 현상을 깊이 인식하고, 그것들이 부딪치는 문제의 실상을 정확히 파악하며, 이를 해결할 심리적, 물질적 능력을 갖도록 조련된다. 을파소나 명림답부, 을지문덕 등 역사에 이름을 남긴 이들도 모두 조의선인들이었고, 우리 문화전통에서 말하는 선비란 바로 이들이 가지고 있는 덕성과 실천력에 뿌리를 두고 있다.

고구려 제22대 안장왕(安臧王) 때의 조의선인으로 선발되었던 을밀선인(乙密仙人) 문하에는 조의선도 3,000명이 다물방지가(多勿邦之歌)를 부르며 심신을 수련했다고 한다. 단군조선의 국자랑(國子郎) 혹은 천지화랑제도가 고구려에 와서는 조의선인 제도로, 백제에서는 무절(武節: 일본의 사무라이(武士)로 이어짐)로 발전했으며, 신라에서는 화랑도로 이름이 바뀐 것이다 하였으나 조의의 이름이 태조왕 본기에 처음으로 보였으니 그 창설이 태조, 차대 두 대왕 때가 됨이 옳다(지승, 1996).

조의선인은 고구려의 복본(復本)의식을 갖고 수증(修證)하는 우리 고유의 선도(仙道) 수련 단체이며, 평소에 산수(山水)를 즐기고 수련에 열심을 다하는 풍류(風流)를 즐기다가 국가의 부름이나 위기 때에 그 위력을 나타내 그 위기에서 벗어나게 하는 것이다.

고구려 벽화 수박희

제 2 장

선무예(仙武藝)의 이론적 배경

1. 음양오행론(陰陽五行論)

　음양(陰陽)과 오행(五行)은 동양에서 우주의 생성과 발전, 그리고 소우주(小宇宙)인 인간과 모든 존재를 인식하는 인식론(認識論)이다. 우주와 인간의 생성과 변화 발전, 그리고 우주가 깨어지지 않고 변화 발전하고 인간과 인간을 둘러싸고 있는 모든 환경의 변화 발전과 그 존재의 근원이 음양과 오행이다. 건강하다는 것은 음양과 오행의 운동 변화가 정상적으로 그 대립(對立)을 통하여 균형을 유지하고 있는 증거이다. 힘의 균형(Balance of Power)이 깨질 때 전쟁이 일어나듯이 음양의 음양과 오행의 질서가 무너지면 그것이 곧 질병의 현상이다. 동양의 인식론에서 음양오행은 자연치유의 원리를 이루는 가장 근본적이고 중요한 원리다. 선무예(仙武藝)의 모든 움직임과 원리는 모두 상대적 관계론인 음양오행의 원리에 따른다.

1) 음양론(陰陽論)

　음양(陰陽)은 구체적인 물질이기보다는 우주 내의 사물과 현상의 대립(對立)되는 양(兩) 방면에 대한 개념으로 자연계 사물의 성질과 발전 변화의 정형화된 법칙으로 볼 수 있다. 음양(陰陽)은 낮에는 해가 뜨고 밤에는 해가 진다는 가장 단순하고 명확한 자연의 법칙에서 출발한 학문으로 맞다 틀리다는 시비(是非)의 개념이 아니고 상대적(相對的) 존재론(存在論)이다. 서로 다른 성질의 음양이 대립하는 상호작용(相互作用)과 이로 인해 유발된 부단(不斷)한 운동은 우주만물이 생성되고 변화하는 원동력으로 생각되었다. 음양은 서로 대립되는 성질을 대표할 뿐 아니라 동일한 사물의 내부에서도 서로 대립되는 양면을 내포(內包)할 수 있다. 동양의 고전의서인《황제내경》의〈음양응상대론(陰陽應象大論)〉편에는 다음과 같은 말이 나온다.

　　陰陽者 天地之道也 萬物之綱紀 變化之父母 生殺之本始 神明之府也 治病必求於本

즉 "음양(陰陽)이란 천지(天地)의 도(道)이고, 삼라만상을 통제하는 강기(綱紀)이다. 변화를 일으키는 주체로서 살리고 죽이는 것이 여기서 나온다. 또한, 신명이 깃들인 집으로서 인간과 삼라만상의 병(病)은 반드시 음양의 조절을 통해서 고칠 것이다."라고 하였고,《역경(易經)》의 십익(十翼) 중의〈계사전(繫辭傳)〉에서는,

　　一陰一陽之謂道

즉, "한 번 음(陰)하게 되고, 한 번 양(陽)하게 되는 것을 도(道)라 한다."라고 하였다. 우주에서 삼라만상이 무궁한 변화를 일으키고 있는 것은 음(陰)과 양(陽)이라는 이질적인 두 기운이 지닌 바의 작용으로 인하여 모순과 대립이 나타남으로써 일어나는 현상을 변화, 즉 도(道)라고 한 것이다. 이 우주의 변화 법칙은 궁극으로 보면 음양(陰陽)의 변화다. 이 우주 안의 모든 변화의 법칙을 가리켜 도(道)라고 하는 것이다. 음양은 우리가 살고 있는 이 광대한 우주 속의 생명법칙이자, 태극(太極)이 변한 후의 첫 단계이며 오행(五行)의 전(前) 단계이기도 하다.

먼저도 말했듯이 음양운동에는 태양(日)과 달(月)이 가장 중요한 역할을 하고 있다. 왜냐하면 지상에서 일어나는 모든 자연 현상과 변화의 이유는 태양과 달이 지구에 비추는 빛에 따라 계절이 나누어지고 밤과 낮이 생기기 때문이다. 이 우주상의 모든 물질과 현상을 선인들은 음양이라는 지극히 평범하면서도 명철한 원리로 설명하고 있다. 음양의 원리로 이 우주의 생성

과 모든 현상을 설명하는 주역(周易)을 이간(易簡)이라는 다른 이름으로 부르는 것도 음양의 지극히 평범하고 간단한 원리 때문이다.

인체도 각 장부(臟腑)가 서로 음양의 관계로 분류되며 인체의 생명 유지의 기본인 정(精)·기(氣)·신(神)도 음양으로 분류가 된다. 인체 내의 음양이 조화롭게 되는 것이 바른 양생(養生)인 것이다.

2) 오행론(五行論)

오행론(五行論)은 동양에서 자연을 인식하는 우주관과 이를 해석하는 방법론이다. 음양론과 더불어 우주 내의 모든 물질과 현상의 존재와 질서의 주체이며 원리이다. 또한 시비(是非)의 개념이 아니고 유기적(有機的)인 존재론(存在論)이다. 자연계의 수많은 사물과 현상에 대해 연역(演繹)할 수 있으며 귀납(歸納)하여 분류할 수 있다.

오행이란 구체적으로 자연계의 모든 사물과 현상을 목(木), 화(火), 토(土), 금(金), 수(水)의 다섯 가지의 성질로 분류하며, 이들의 운동 변화 법칙을 가리킨다. 이들은 서로 다른 특성을 갖고 있으면서 상대를 발생시키고 조장시킬 뿐 아니라 제약(억제)하는 유기적인 관계로 우주의 질서가 유지되는 근거(根據)가 된다.

〈표〉 오행(五行)의 상생(相生)·상극(相剋) 관계표

관계 오행	능동적 상생	능동적 상극	피동적 상생	피동적 상극
목(木)	화(火)	토(土)	수(水)	금(金)
화(火)	토(土)	금(金)	목(木)	수(水)
토(土)	금(金)	수(水)	화(火)	목(木)
금(金)	수(水)	목(木)	토(土)	화(火)
수(水)	목(木)	화(火)	금(金)	토(土)

註: 능동적 상생~자기가 상대를 상생함, 능동적 상극: 자기가 상대를 상극함
　　피동적 상생~자기를 상대가 상생함, 피동적 상극: 자기를 상대가 상극함

서양 우주 구조론의 하나인 4원소설(元素說)은 단지 물질적인 개념이며, 그들 간의 유기적인 관계와 변화는 설명하지 못하고 있다. 동양은 우주론과 철학 및 의학 등의 모든 분야에서 일관되게 음양오행설을 기초하여 설명되고 근거를 극명(克明)하게 제시하고 있다. 인체(人體)도 소우주로서 우주와 같은 구조와 원리로 설명하며, 오장(五臟)과 육부(六腑) 등, 구조와 생명의 작용도 오행으로 귀류(歸類)시켜 오행의 운동법칙인 상생(相生)과 상극(相剋)의 유기적인 관계로 생명현상을 설명하고 있다.

수련의 법칙과 움직임, 그리고 바른 인간관계를 갖게 하는 인간 본래의 성품을 오상(五常), 즉 인(仁), 의(義), 예(禮), 지(智), 신(信)도 오행(五行)의 틀에 근거한 것이다. 오행(五行)으로 우주만물의 존재와 질서를 다섯 가지로 연역(演繹)되었지만 그들의 개별적인 특성(特性)을 강조하고 궁구(窮究)하는 것이 아니고 오행(五行)의 상호(相互)간의 관계를 중요시한다. 즉 오행은 하나가 다른 하나를 조장(助長)하는 관계가 이어져 고리(環)를 이루는데 이 관계를 상생(相生)의 원리라고 한다.

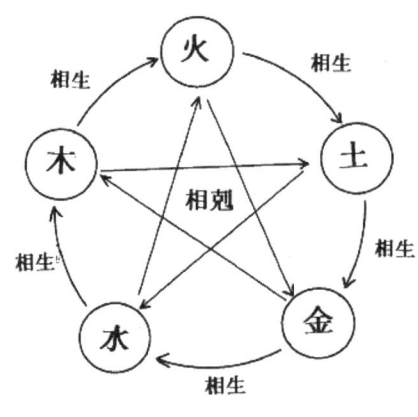

오행 상생상극도

상생(원의 방향): 木生火, 火生土, 土生金, 金生水, 水生木
상극(별의 방향): 木剋土, 土剋水, 水剋火, 火剋金, 金剋木

한편 서로 돕기도 하지만 하나는 어느 하나를 적절히 제어(制御)하고 그것은 다른 것을 제어하여 역시 서로 꼬리를 무는 것 같은 고리를 이루게 되는데 이를 상극(相剋)의 원리라고 한다(오행(五行)의 상생(相生)·상극(相剋) 관계표 참조). 오행의 관계를 표시하는 상생과 상극의 두 개의 고리를 하나로 도식(圖式)화하면 상생이라는 관계를 표시하는 원(圓) 속에 상극의 관계를 나타내는 별이 그려지게 된다. 이것이 위의 오행의 상생상극도이다.

　나무는 불을 일으키고 불은 흙을 생성하고, 흙은 금을, 금은 물을, 물은 나무를 각각 이롭게 하는 관계가 상생(相生)이다.

　나무는 흙을, 흙은 물을, 물은 불을, 불은 금을, 금은 나무를 각각 억제(抑制)하는 관계가 상극(相剋)이다.

　오행(五行)의 상생(相生)과 상극(相剋)의 관계가 적절하게 이루어질 때, 우주(宇宙)는 조화(調和)와 질서(秩序)가 유지된다. 그러나 상대를 너무 제압(制壓)하여 상대의 존재(存在) 자체에 영향을 주는 관계를 상승(相乘)의 관계라 하고, 제압(制壓)해야 할 상대에게 역(逆)으로 제압당하는 관계를 상모(相侮)의 관계라고 한다. 자연인 우주(宇宙)와 소우주(小宇宙)인 인체(人體)가 질병(疾病)의 상태가 되는 것은 오행 상호 간의 질서가 무너진 상승과 상모의 관계가 그 이유다. 우리의 생활에서 오행의 원리를 적용한 예는 우리가 이름을 정할 때의 법칙인 돌림자는 오행의 상생(相生)의 법칙에 따른다. 즉 아버지의 돌림자가 목(木)에 해당하는 상(相)이면 그 아들은 목생화(木生火)의 상생(相生)의 원리에 따라 화(火)에 해당하는 환(煥), 열(烈), 희(熙) 등을 돌림자로 쓰게 되는데, 이는 아버지가 아들을 낳고, 키운다는 오행의 상생의 원리가 적용된 예이다. 또, 서울의 4대문이 그 위치한 방향에 따라 오행에 의하여 명칭이 정하여졌다. 남대문은 오행상 남쪽 방위인 화(火)에 해당하는 오상(五常)의 예(禮)를 넣어 숭례문(崇禮門), 동대문은 목(木)인 인(仁)을 취하여 숭인문(崇仁門), 서대문은 금(金)인 의(義)를 취하여 돈의문(敦義門), 북문은 수(水)인 지(智)를 취하여 홍지문(弘智門)이라 정하고 오행에서 중앙의 개념인 토(土)에 해당하는 신(信)을 취하여 서울의 중앙에 보신각(普信閣)을 설치하여 4대문의 열고 닫힘을 통제하였다.

〈표〉 오행(五行)의 귀류(歸類)

오행(五行)	목(木)	화(火)	토(土)	금(金)	수(水)
오방(五方)	동(東)	남(南)	중앙(中央)	서(西)	북(北)
오시(五時)	봄	여름	계절의 사이	가을	겨울
오장(五臟)	간(肝)	심(心)	비(脾)	폐(肺)	신(腎)
오부(五腑)	담(膽)	소장(小腸)	위(胃)	대장(大腸)	방광(膀胱)
오색(五色)	청(靑)	적(赤)	황(黃)	백(白)	흑(黑)
오미(五味)	산(酸)	고(苦)	감(甘)	신(辛)	함(鹹)
오성(五性)	수(收)	견(堅)	완(緩)	산(散)	연(軟)
오체(五體)	근(筋)	혈(血)	육(肉)	피(皮)	골(骨)
오규(五竅)	눈(目)	혀(舌)	입(口)	코(鼻)	귀(耳)
오기(五氣)	풍(風)	열(熱)	습(濕)	조(燥)	한(寒)
오성(五聲)	호(呼)	소(笑)	가(歌)	곡(哭)	신(呻)
오지(五志)	노(怒)	희(喜)	사(思)	비(悲)	공(恐)
오액(五液)	눈물(淚)	땀(汗)	군침(涎) 脾液	콧물(涕)	침(唾) 腎液
오화(五華)	손발톱(爪)	얼굴(面)	입술(脣)	피부(皮)	머리카락(髮)
오화(五化)	생(生)	장(長)	화(化)	수(收)	장(藏)
오맥(五脈)	현(弦)	홍(洪)	완(緩)	색(濇)	침(沈)
오신(五神)	혼(魂)	신(神)	의(意)	백(魄)	지(志)
오상(五常)	인(仁)	예(禮)	신(信)	의(義)	지(智)
오수(五數)	3(三)	2(二)	5(五)	4(四)	1(一)
오취(五臭)	누린내(臊)	탄내(焦)	향(香)	비린내(腥)	썩은내(腐)

2. 정기신(精氣神)론

정기신(精氣神)은 기론(氣論)적 인간관에서 보는 동양의학의 생리학이라고 할 수 있다. 이 삼자는 생명의 유기적(有機的)인 구성요소이다. 생명이 있는 한 정기신 삼자는 유기적인 관계를 갖는 생명 현상이며, 생명이 끝나면 이들의 관계도 끝나고 소멸한다. 정기신(精氣神)은 인간의 생명론(生命論)이라고 할 수 있다. 정(精), 기(氣), 신(神)의 삼자(三者)를 고인(古人)들은 삼보(三寶)라고 하였다.

정(精)이란 후천적(後天的)으로 수곡(收穀)의 정미(精微)에서 낳은 물질이며 인체활동의 물질적 기초이다. 기(氣)란 수곡(收穀)의 정기(精氣)와 흡수(吸收)된 대기(大氣)가 합(合)하여 생성(生成)된 물질로서 기체(機體)의 온갖 생리작용(生理作用)을 일으키게 하는 중요한 물질(物質)이다. 신(神)이란 인체의 정상적(正常的)인 모든 생리활동(生理活動)을 총괄(總括)하는 것이다. 이로서 그들 사이에는 매우 밀접한 관계가 있다는 것을 알 수 있다.

즉, 기(氣)는 정(精)에서 생산되고, 정(精) 또한 기(氣)에 의하여 생성(生成)된다. 또 정(精)과 기(氣)가 공동(共同)으로 작용함으로써 신(神)이 나타난다. 따라서 정기(精氣)가 넘쳐 있는 사람은 신(神)도 또한 반응이 왕성(旺盛)하다. 반대로 신(神)이 왕성(旺盛)하지 못하면 정기(精氣)가 부족(不足)하기 때문이다. 이들 사이에는 이와 같이 상호관계(相互關係)가 있기 때문에, 정(精)을 지나치게 손모(損耗)하면 기(氣)의 생산(生産)이 약(弱)해지고, 기(氣)를 과도(過度)하게 손모(損耗)하면 정(精)의 발생(發生)이 저하(低下)되고, 시에 신(神)도 부족(不足)한 현상(現象)이 나타나게 된다. 따라서 신(神)은 정(精)과 기(氣)에서 생산(生産)된다고 하더라도 과도(過度)한 정신활동(精神活動)으로 신(神)을 손상(損傷)해 버리면 도리어 정(精)과 기(氣)에 영향을 주며 그로인(因)하여 형체(形體)가 쇠약(衰弱)해진다.

《영추(靈樞)》의 본신편(本神篇)에 "지나치게 무서워하든가, 초조해하든가 하면 신(神)이 손상(損傷)을 받게 되며, 신(神)이 손상(損傷)을 받으면 공포자실(恐怖自失)하여 기육(肌肉)이 쇠약(衰弱)해진다"라 하였고, 또 《장씨류경(張氏類經)》에 "신(神)은 정기(精氣)에 의하여 생(生)하지만 모든 정기(精氣)를 섭취지배(攝取支配)하여 이를 운용(運用)하는 것은 심(心)의 신(神)에 있다"고 한 것은 신(神), 정(精), 기(氣)의 삼자(三者)의 상관성(相關性)을 설명하는 것이다.

1) 정(精)과 신(神)

《황제내경(黃帝內經)》의 精과 神의 관계에 대한 인식을 다음과 같이 정리해 볼 수 있다.

첫째, 《黃帝內經》은 精을 인체 생성의 근원으로 보아 精에서 생된다고 인식하였다.

둘째, 《黃帝內經》은 精에는 항상 神이 깃들어 있으며 이 神은 精이 인체를 생성하는 것을 통제하고 조정한다고 보았다.

셋째, 《黃帝內經》은 精과 神의 사이에는 陰이 陽을 生하고 陽이 陰을 生하는 것처럼, 精은 神을 生하고 神도 精을 生하는 호생(互生), 호용(互用)의 관계가 있다고 보았다.

2) 신(神)과 기(氣)

《黃帝內經》의 神과 氣의 관계는 그 특징을 다음과 같이 구분하여 볼 수 있다.

첫째, 《黃帝內經》에서는 神이 氣를 매개로 하여 외부로 발현된다고 보았으며, 이때의 神을 신기(神氣)라 한다. 또《靈樞》〈小鍼解〉에서는 신기(神氣)는 정기(精氣)라고 하였고,《靈樞平人絶穀》에서는 신기(神氣)는 수곡(收穀)의 정기에서 화생(化生)된다고 하였다. 《素問》〈八正神明論〉에서는 혈기는 인체의 神이니 세심하게 양육(養育)해야 한다고 하였다. 여기서의 神 또한 모두 신기(神氣)를 지칭하는 것으로 神이 氣의 자양(滋養)을 받음을 의미하는 것이거나 神의 활동상을 의미하는 것이다. 이런 관점에서 《內經》에서는 神의 생리(生理), 병리적(病理的) 표현이 반드시 氣를 통해서 발현한다고 보았다. 즉 정신(精神)의 상태는 안색(顔色)이나, 눈빛 또는 맥상 등을 통해 알 수 있다고 했는데 이는 모두 神이 정기(正氣), 혈기(血氣), 맥기(脈氣) 등과 밀접한 연관을 맺고 있기 때문이라는 것이다.

둘째, 神은 氣의 작용을 조정하고 주재한다. 氣는 하나의 에너지라고 할 수 있는데 유형(有形)이든 무형(無形)이든 유생(有生)이든 무생(無生)이든 간에 모든 만물은 각각 고유한 형태의 氣를 내포하고 있다. 따라서 모든 사물은 이 氣의 작용을 통해 생성, 발전, 소멸하는데 이러한 氣의 작용을 조정하고 주재하는 것이 바로 神이다. 예컨대《素問》〈六節藏象論〉에서 기(氣)가 합하여 형체를 가지게 되었고 변함으로 인하여 명칭이 확정되었다고 하여 氣가 물질 생성의 근원으로 끊임없이 운동, 변화한다고 하였고《素問》〈六微旨大論〉에서는 기운의 승강(昇降)은 천지가 번갈아 작용한다고 하여 자연계의 일체 사물의 변화가 모두 천기(天氣)와 지기(地氣)의 승강(昇降)에 의한 것이라고 했다. 그런데 《素問》〈脈要精微論〉에서 천지(天地)의 변화는 음양(陰陽)에 응한다고 하여 천지자연의 모든 변화가 바로 음양운동 자체라고 보았으며, 《素問陰陽應象大論》에서는 음양(陰陽)은 천지자연의 변화하는 법칙이니 만물의 원칙이면서 변화의 근원이고 생살의 근본이 시작하면서 오묘한 변화의 근원이 나타나는 곳이라 하여 자연계 만물의 변화가 모두 음양(陰陽)운동에 의한 것인데, 그 음양운동의 근원이 바로 신명이라고 했다. 또 《素問陰陽應象大論》에서는 神은 하늘에서 풍(風)으로 변할 때 땅에서는 목(木)으로 화(化)하고, 하늘에서 열(熱)로 변할 때 땅에서는 화(火)로 화(化)하며, 하늘에서 습(濕)으로 변할 때 땅에서는 토(土)로 화(化)하고, 하늘에서 조(燥)로 변할 때 땅에서는 금(金)으로 화(化)하며, 하늘에서 한(寒)으로 변할 때 땅에서는 수(水)로 화(化)한다. 그러므로 하늘에서 氣로 변할 때 땅에서는 형(形)을 생성하니 형(形)과 기(氣)가 서로 감응(感應)하여 만물을 화생(化生)한다고 하여 천(天)의 기(氣)와 지(地)의 형(形)이 서로 감응(感應)하여 만물을 화생(化生)하는데 神이 그것을 주재한다고 했다. 결국 천지자연의 운동 변화는 모두 氣의 승강(昇降)출입으로 인한 것이며 이러한 기의 승강(昇降)출입을 바로 神이 주재한다는 것이다. 《內經》에서는 천지자연의 변화뿐만 아니라, 인간의 생명활동 또한 기의 승강(昇降)출입에 의한 것이며, 이 역시 음양(陰陽)을 벗어나지 못하므로 결국 인체 내의 기(氣)의 승강(昇降)출입도 정신(精神)의 통제를 받는다고 보았다. 그래서 《내경(內經)》에서는 인간을 신시지물(神氣之物)이라고 하였다.

셋째, 神과 氣는 끊임없이 상호 작용한다. 즉 神과 氣는 기르기도 하지만 해치기도 하며, 神도 氣의 운행을 조화롭게 하는 것이 기본이지만 반대로 기의 흐름을 어지럽히기도 한다. 《內經》에서 마음을 편안히 하고 비워 진기를 배양한다고 하여 정신이 안정되면 자연히 인체의 정기도 튼튼해지지만 마음이 어지러우면 인체의 기도 따라서 어지러워짐을 말하고 있다. 이처럼 신(神)과 기(氣)는 서로 밀접한 연관을 맺고 있으면서 한쪽의 이상이 곧바로 다른 쪽의 이상으로 나타나게 된다. 《黃帝內經》에서의 神은 氣를 매개로 발현되며 동시에 氣의 작용을 조절하고 통제한다고 나타내고 있다.

3. 경락론(經絡論)

경락(經絡)은 동양의 의학과 기공에서 인체를 통일된 하나의 유기체(有機體)로서 설명하는 요체이다. 경(經)은 머리에서 발까지 인체의 종적(縱的)인 흐름을 의미하고 락(絡)은 횡적(橫的)으로의 흐름을 의미한다. 즉, 경락(經絡)은 인체 내의 전신의 기혈을 운행하고 장부와 사지, 관절을 연락하고 상하 내외를 연계시키는 통로이다.

이 경락(經絡)의 체내에서의 주요 연결기능은,

첫째, 체내의 각 장부 사이의 기능적인 연관 관계
둘째, 체내의 각 장부와 체표와의 연결 관계
셋째, 상하좌우의 기능적인 연결 관계이다.

경락(經絡)은 인체의 생명을 유지해 주는 영양의 공급과 대사(代謝) 찌꺼기의 회수, 외사(外邪)의 방어 등에 필요한 기혈 등의 운행통로가 되므로 인체의 각 경락의 유통이 원활히 이루어져야 양생(養生)을 할 수 있는 것이다.

1) 경락도

경락(經絡)에서 경(經)은 "지름길(徑)"을 의미하며, 원줄기로서 곧게 가는 맥(脈)이다. 락(絡)은 경맥(硬脈)에서 갈라진 곁가지 맥(脈)으로서 그물눈과 같이 맥(脈) 사이를 서로 연결하고 있는 것을 말한다.

경맥(硬脈)은 전신(全身)의 기혈(氣血)을 운행시키고, 오장육부와 사지(四肢)관절을 연계(連繫)해 주며, 상하내외(上下內外)를 통하게 하여 주고, 체내 각 부분을 조절하여 주는 통로이다. 경락 계통의 연계(連繫)를 통하여 인체는 하나의 유기체적인 전체로 되어 있다.

현대의학의 관점에서 경락(經絡)을 보면, 신경, 혈관 및 내분비 등의 구조 및 그 기능을 포함시킬 수 있다. 그러나 신경, 혈관 등의 구조와 기능만으로는 경락(經絡)학설의 전부의 내용을 완전히 해석하기는 불가능하며, 더욱더 진보한 조사연구를 기다려야 한다.

여기에서 경락이란 경맥과 낙맥의 총칭으로서, 12경맥, 기경8맥(奇經八脈), 15별락(別洛), 손락(孫洛), 12경별, 12경근을 포괄하고 있다. 한마디로 말해서 경락이란 전신의 구석구석까지 기혈(氣血)을 운행시키는 통로이다.

(1) 경맥(經脈)

인체 내에서 기혈(氣血)을 운행하고, 체내의 각 부분을 연계시키는 주요(主要) 간선(幹線)이다. 정경(政經)과 기경(奇經)의 2개로 크게 나눌 수 있고, 양자는 공동하여 경맥(硬脈)의 계통(系統)을 구성한다.

(2) 낙맥(絡脈)

낙맥(絡脈)은 경맥(經脈)에서 갈라진 그물 모양의 크고 작은 곁가지이다. 넓은 의미에 낙맥(絡脈)은 15낙(十五洛), 낙맥(絡脈) 및 손락(孫洛)의 세 가지로 분류된다. 그중 전신에서 최대의 낙맥(絡脈)을 합하여 15조(十五條)라고 하고, 이것을 15낙(十五洛)보다 약간 작은 낙맥(絡脈)은 전신의 각부에 흩어져 퍼져 있고, 수량도 많으며 좁은 의미의 '낙맥(絡脈)'이다. 낙맥(絡脈)보다 더 작은, 극히 많은 곁가지로 이루어진 것을 손맥(孫脈) 또는 손락(孫絡)이라 한다(《靈樞》〈脈度篇〉).

낙맥(絡脈)의 주요작용은 경맥(經脈)과 협력하여 전신(全身)의 조직을 그물눈과 같이 연결해 주고, 영위기혈(營衛氣血)을 운행하는 것이다. 이외에 낙맥(絡脈)의 또 다른 의미는, 신체의 얇은 표면의 정맥혈관(靜脈血管)을 가리켜 말한다.

2) 12정경

(1) 수태음폐경(手太陰肺經)

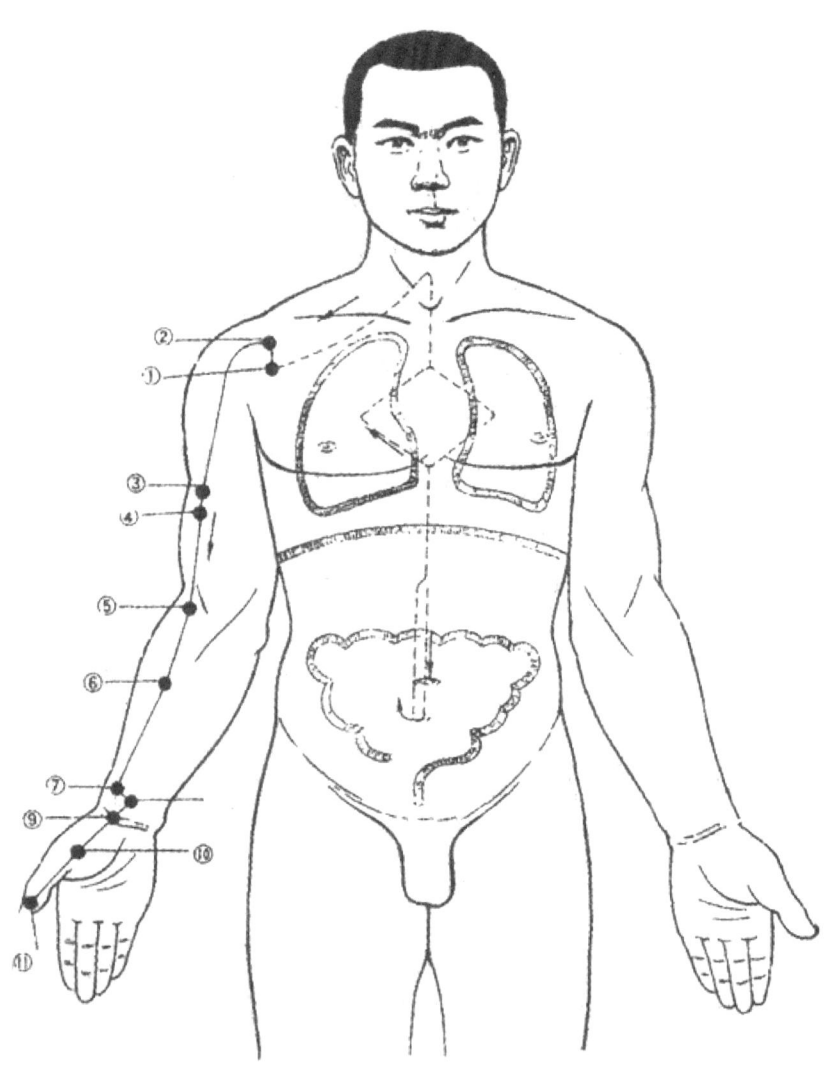

수태음폐경

12경맥의 하나로서, 그 순행경로는 체내에서는 肺에 속하고, 대장(大將)에 연결되어 있으며, 당시 위(胃)와 인후(咽喉)에 연결되어 있다. 체표(體表)에서는 위쪽 흉부(胸府)의 바깥쪽에서, 상지(上肢) 안쪽의 앞을 따라서 아래로 향하여, 무지(拇指)의 끝부분에 이른다.

〈11경혈의 명칭〉

1. 중부(中府)   2. 운문(雲門)   3. 천부(天府)   4. 협백(俠白)
5. 척택(尺澤)   6. 공최(孔最)   7. 열결(列缺)   8. 경거(經渠)
9. 태연(太淵)   10. 어제(魚際)   11. 소상(魚際)

(2) 수소음심경(手少陰心經)

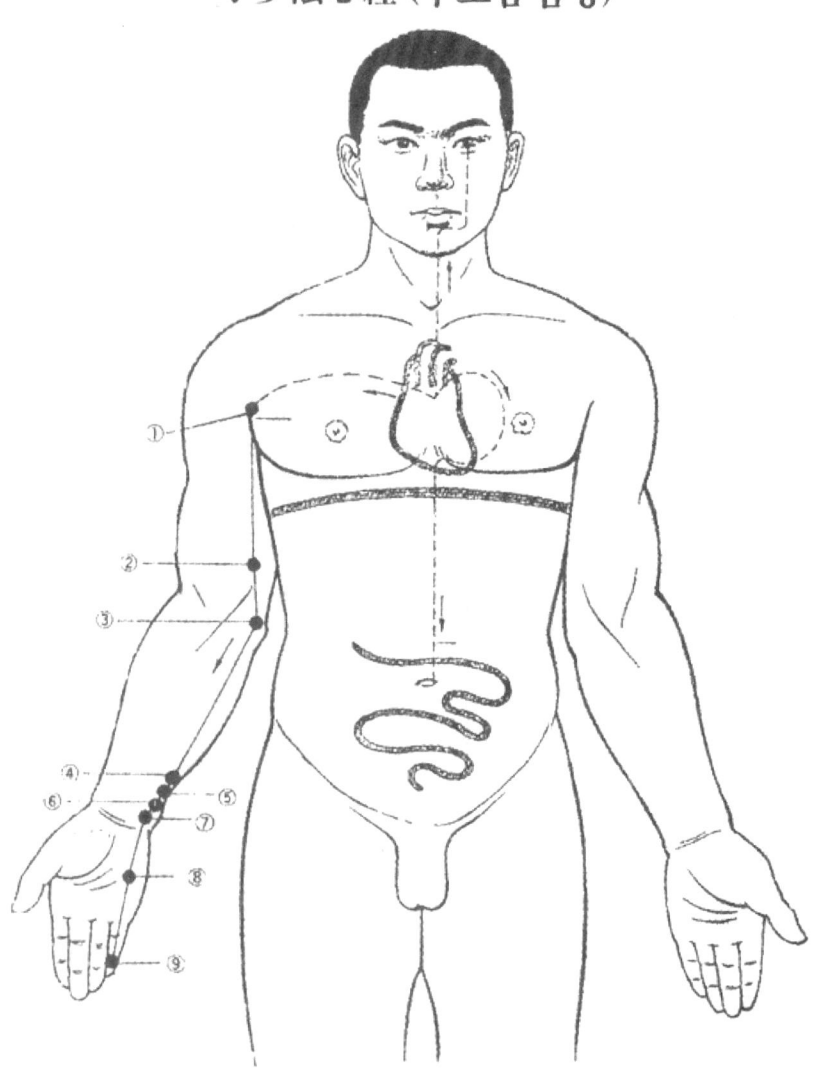

수소음심경

12경맥의 하나, 그 순행경로는 체내에서는 심(心)에 속하고, 소장(小腸)에 이어져 있으며, 그 위에 인후부(咽喉部) 및 눈에 연결되어 있다.

체표(體表)에서는 겨드랑이 밑에서 상지(上肢) 안쪽의 아래를 따라서 아래로 향하며, 소지(小脂)의 끝부분에 이른다.

〈9경혈의 명칭〉

1. 극천(極泉)　　2. 청영(靑靈)　　3. 소해(少海)
4. 영도(靈道)　　5. 통리(通里)　　6. 음극(陰隙)
7. 신문(神門)　　8. 소부(少府)　　9. 소충(少衝)

(3) 수궐음심포경(手厥陰心包經)

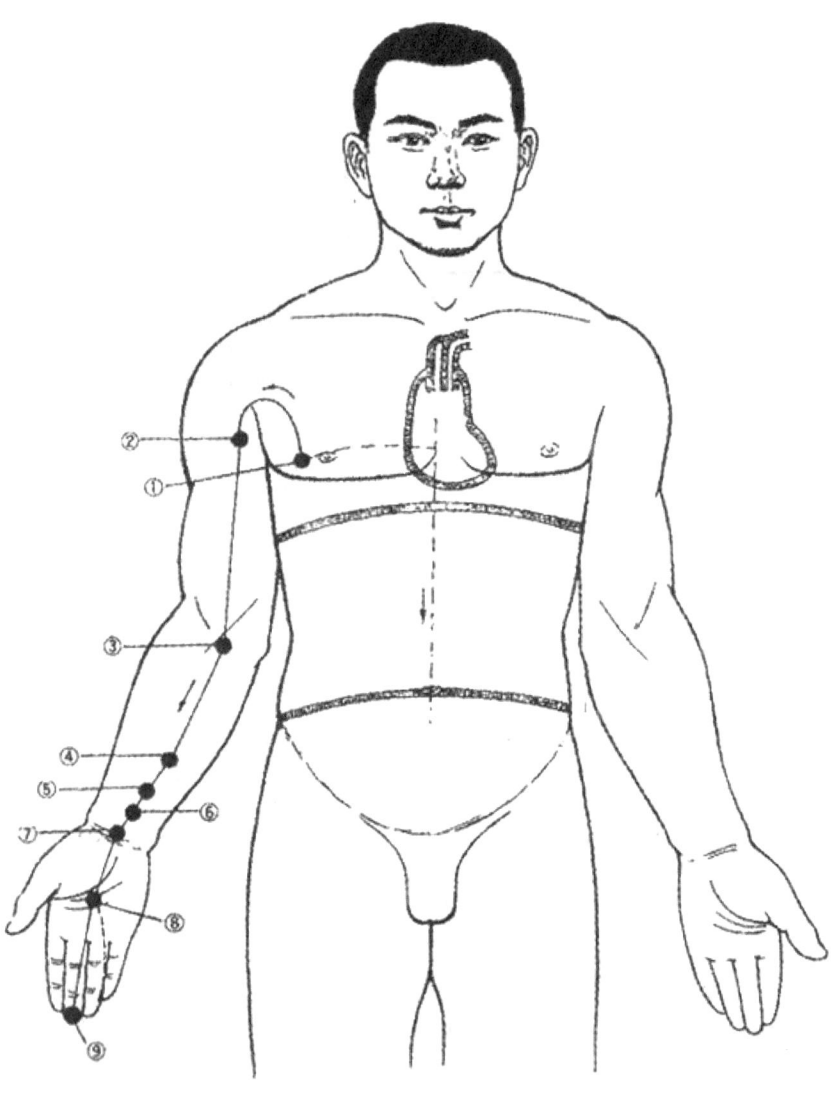

수궐음심포경

12경맥의 하나로서, 그 순행경로는 체내에서는 심포락(心包絡)에 속하고, 삼초(三焦)에 이어져 있으며, 다시 횡격막(橫擊膜)에 연결되어 있다. 체표에서는, 가슴의 옆쪽에서 일어나며, 겨드랑이 밑, 상지(上肢) 안쪽의 한가운데를 통하여, 손의 중지(中肢) 끝에 이른다.

⟨9경혈의 명칭⟩

1. 천지(天池)   2. 천천(天泉)   3. 곡택(曲澤)
4. 극문(隙門)   5. 간사(間使)   6. 내관(內關)
7. 태릉(太陵)   8. 노궁(勞宮)   9. 중충(中衝)

(4) 족궐음간경(族厥陰肝經)

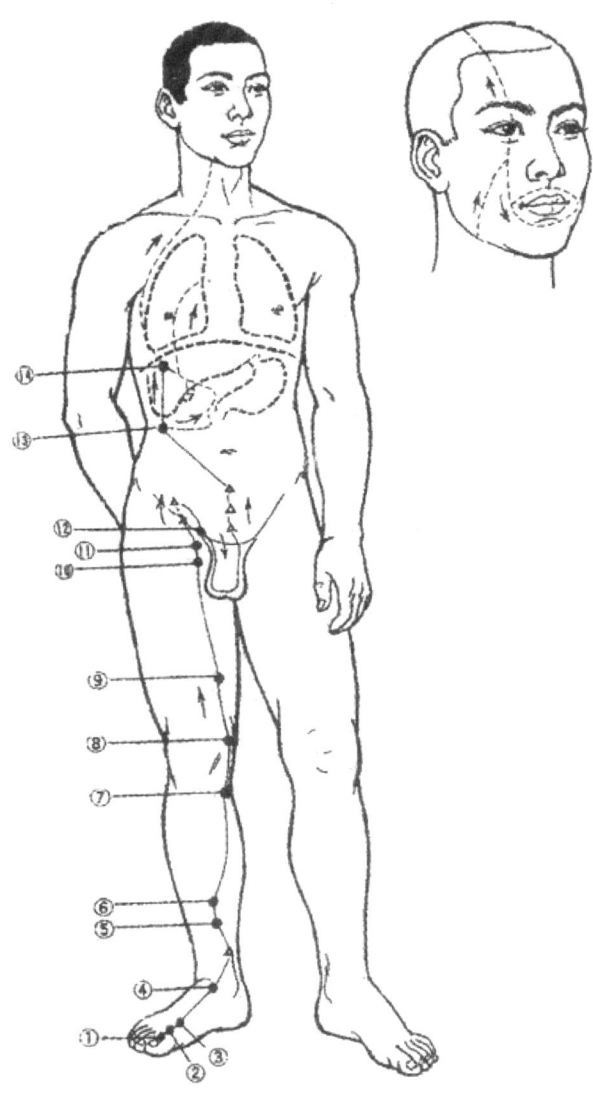

족궐음간경

12경맥의 하나로서, 그 순행경로는 체내에서는 간(肝)에 속하고, 담(膽)에 이어져 있으며, 다시 생식기(生殖器), 위(胃), 횡격막, 인후(咽喉), 안구(眼球)에 연결되어 있다. 체표에서는 발의 엄지발가락에서 하지(下肢)의 안쪽(발목 앞에서 안쪽으로 방향을 바꾼다), 외음부(外陰部), 복부(腹部)를 거쳐서 가슴의 옆쪽에 이른다.

〈14경혈의 명칭〉

1. 태돈(太敦)	2. 행간(行間)	3. 태충(太衝)	4. 중봉(中封)
5. 여구(蠡溝)	6. 중도(中都)	7. 슬관(膝關)	8. 곡천(曲泉)
9. 음포(陰包)	10. 족오리(足五里)	11. 음렴(陰廉)	
12. 급맥(急脈)	13. 장문(章門)	14. 기문(期門)	

(5) 족소음신경(足少陰腎經)

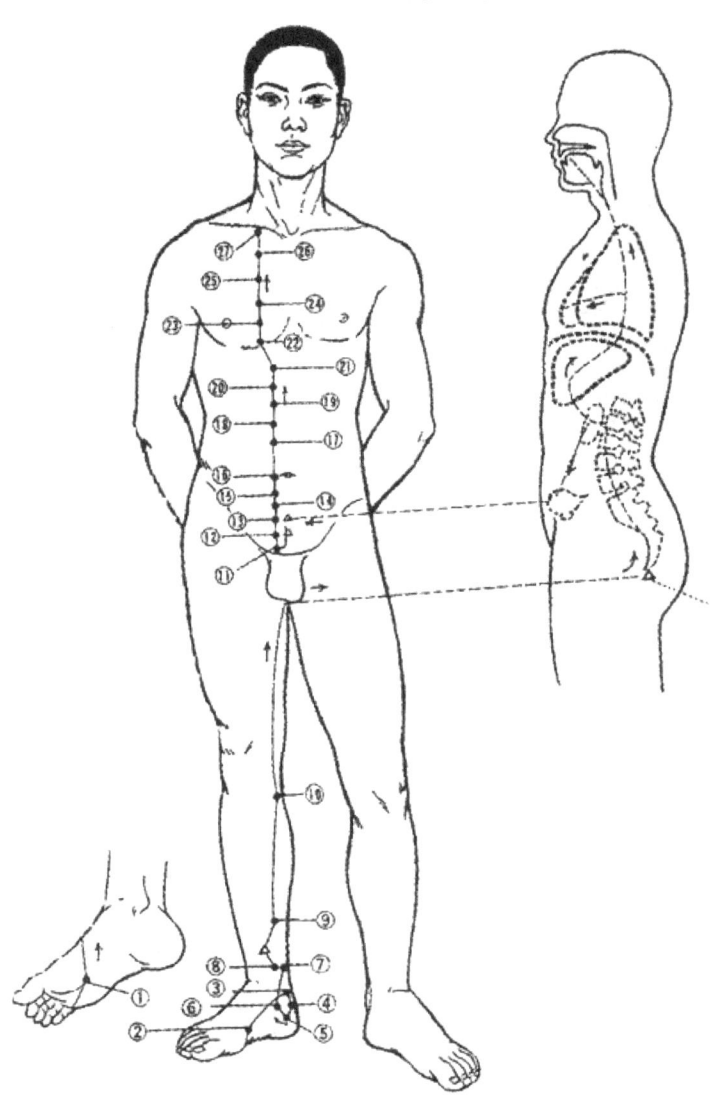

족소음신경

12경맥의 하나, 그 순행경로(循行經路)는 체내에서는, 신(腎)에 속하고, 방광(膀胱)에 연계(連繫)되어 있으며, 다시 척수(脊髓), 간(肝), 횡격막, 인후부(咽喉部), 뼈의 뿌리, 폐(肺), 심(心), 흉강(胸腔) 등으로 연결되어 있다.

체표에서는 발의 새끼발가락에서 발바닥의 오목한 곳, 안쪽 복숭아뼈, 하지(下肢) 안쪽의 뒤, 복부를 지나 흉부(胸部)에 이른다.

〈27경혈의 명칭〉

1. 용천(勇泉)	2. 연곡(然谷)	3. 태계(太谿)	4. 태종(太種)
5. 수천(水泉)	6. 조해(照海)	7. 복류(復留)	8. 교신(交信)
9. 축빈(築賓)	10. 음곡(陰谷)	11. 횡골(橫骨)	12. 대혁(大赫)
13. 기혈(氣穴)	14. 사만(四滿)	15. 중주(中注)	16. 황유(肓兪)
17. 상곡(商曲)	18. 석관(石關)	19. 음도(陰都)	20. 복통곡(腹通谷)
21. 유문(幽門)	22. 보랑(步廊)	23. 신봉(神封)	24. 영허(靈墟)
25. 신장(神藏)	26. 욱중(彧中)	27. 유부(兪府)	

(6) 족태음비경(足太陰肥經)

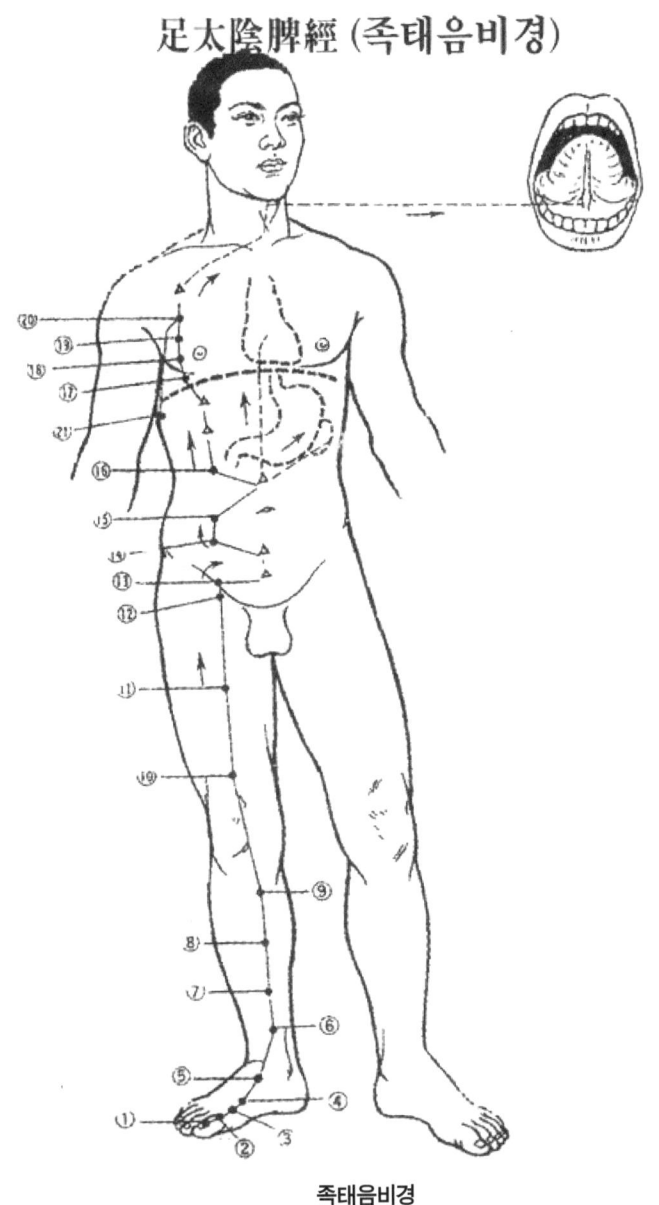

족태음비경

12경맥의 하나로서, 그 순행경로는 체내에서는 비(脾)에 속하고, 위(胃)에 연결되며, 더욱이 심 및 혀의 뿌리에서 이어져 있다. 체표(體表)에서는 발의 엄지발가락에서 하지(下肢)의 안쪽 (가운데쯤에서 앞으로 방향을 바꾼다), 복부·흉부(胸部)를 따라서 가슴의 옆쪽에 이른다.

〈21경혈의 명칭〉

1. 은백(隱白)   2. 대도(大都)   3. 태백(太白)   4. 공손(公孫)
5. 상구(上丘)   6. 삼음교(三陰交)   7. 누곡(漏谷)   8. 지기(地機)
9. 음릉천(陰陵泉)   10. 혈해(血海)   11. 기문(箕門)   12. 충문(衝門)
13. 부사(府舍)   14. 복결(腹結)   15. 대횡(大橫)   16. 복애(腹哀)
17. 식두(食竇)   18. 천계(天谿)   19. 흉향(胸鄕)   20. 주영(周榮)
21. 대포(大包)

(7) 수태양소장경(手太陽小腸經)

手太陽小腸經 (수태양소장경)

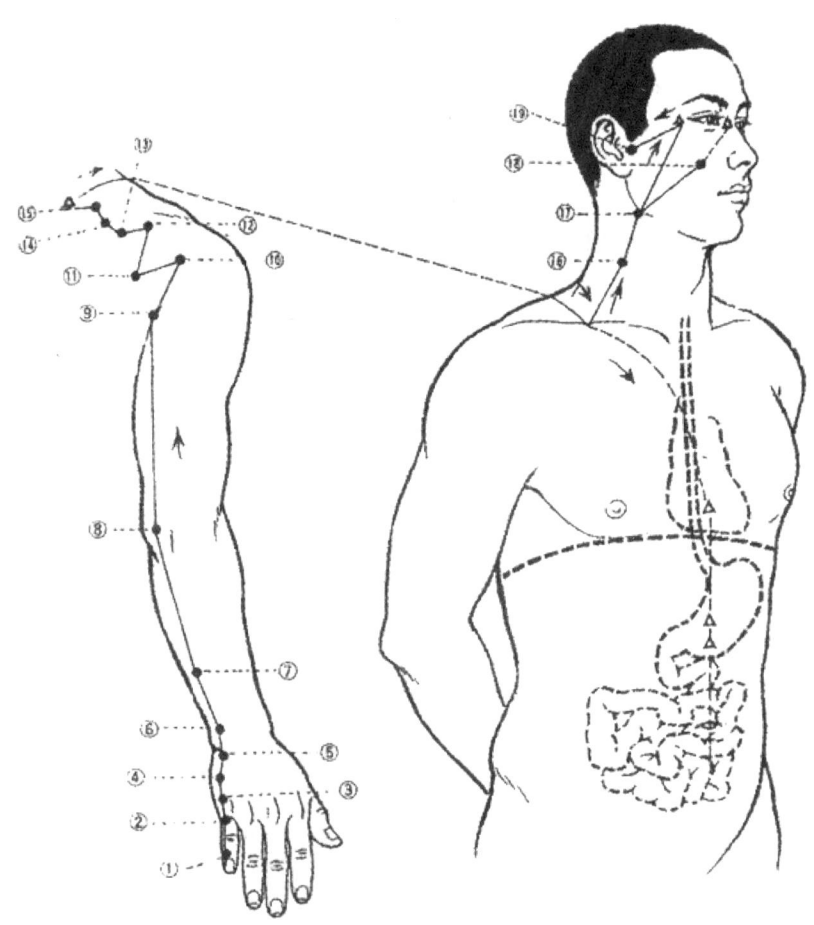

수태양소장경

12경맥의 하나, 그 순행경로는 체내에서는, 소장(小腸)에 속하고, 심에 이어져 있다. 더욱이 위(胃), 눈 및 귀 안쪽에 연결되어 있다. 체표(體表)에서는 소지(小指)의 끝부분에서 상지(上肢) 바깥쪽의 뒤로, 어깨뼈가 있는 자리, 목의 옆쪽, 얼굴, 눈을 거쳐서 귀에 이른다.

〈19경혈의 명칭〉

1. 소택(小澤)   2. 전곡(前谷)   3. 후계(後谿)
4. 완골(腕骨)   5. 양곡(陽谷)   6. 양로(陽老)   7. 지정(支正)
8. 소해(小海)   9. 견정(肩貞)   10. 노유(臑兪)   11. 천종(天宗)
12. 병풍(秉風)   13. 곡원(曲垣)
14. 견외유(肩外兪)   15. 견중유(肩中兪)
16. 천창(天窓)   17. 천용(天容)
18. 권료(顴髎)   19. 청궁(聽宮)

(8) 수양명대장경(手陽明大腸經)

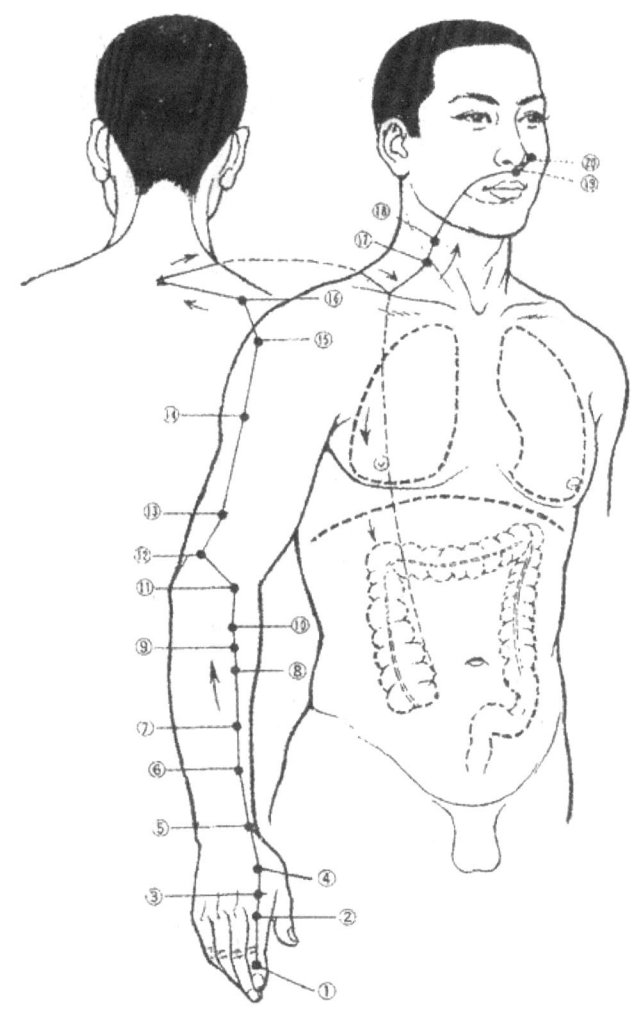

수양명대장경

12경맥의 하나로서, 그 순행경로는 체내(體內)에서는 대장(大腸)에 속하고, 폐(肺)에 연결되어 있다. 몸의 표면에서는 식지(食指)의 끝에서 상지(上肢) 바깥쪽의 앞면, 어깨, 목, 뺨을 통하여 콧구멍 곁에 이른다.

〈20경혈의 명칭〉

1. 상양(商陽)　　2. 이간(二間)　　3. 삼간(三間)　　4. 합곡(合谷)
5. 양계(陽谿)　　6. 편력(偏歷)　　7. 온류(溫溜)　　8. 하렴(下廉)
9. 상렴(上廉)　　10. 수삼리(手三里)　11. 곡지(曲池)　　12. 주료(肘髎)
13. 수오리(手五里)　14. 비노(臂臑)　　15. 견우(肩髃)　　16. 거골(巨骨)
17. 천정(天鼎)　　18. 부돌(扶突)　　19. 화료(禾髎)　　20. 영향(迎香)

(9) 수소양삼초경(手少陽三焦經)

手少陽三焦經 (수소양삼초경)

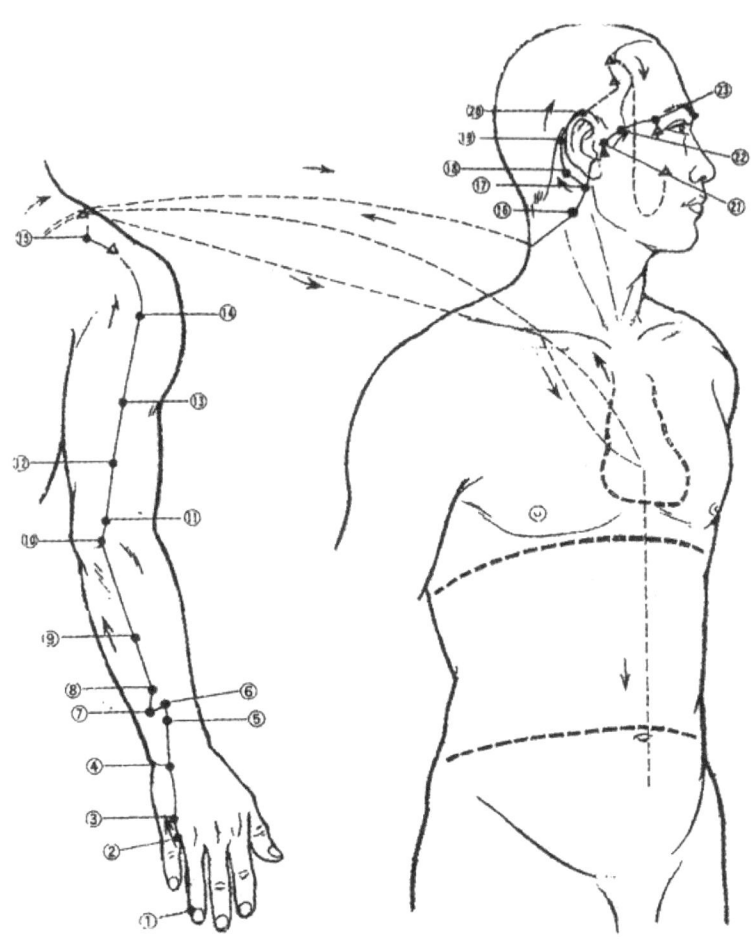

수소양삼초경

12경맥의 하나, 그 순행경로는 체내에서는 삼초(三焦)에 속하고, 심포락(心包絡)에 이어져 있으며, 더욱이 귀, 눈에 연결되어 있다.

몸의 표면에서는 약지(藥指: 無名指)의 끝에서 일어나서, 상지(上肢) 바깥쪽의 한가운데를 따라서 어깨, 목의 옆쪽, 머리의 옆쪽, 귀를 거쳐서 눈에 이른다.

〈23경혈의 명칭〉

1. 관충(關衝)   2. 액문(液門)   3. 중저(中渚)   4. 양지(陽池)
5. 외관(外關)   6. 지구(支溝)   7. 회종(會宗)   8. 삼양락(三陽絡)
9. 사독(四瀆)   10. 천정(天井)   11. 청냉연(淸冷淵)
12. 소락(消濼)   13. 노회(臑會)   14. 견료(肩髎)   15. 천료(天髎)
16. 천유(天牖)   17. 예풍(翳風)   18. 계맥(瘈脈)   19. 노식(顱息)
20. 각손(角孫)   21. 이문(耳門)   22. 화료(和髎)   23. 사죽공(絲竹空)

(10) 족소양담경(足小陽膽經)

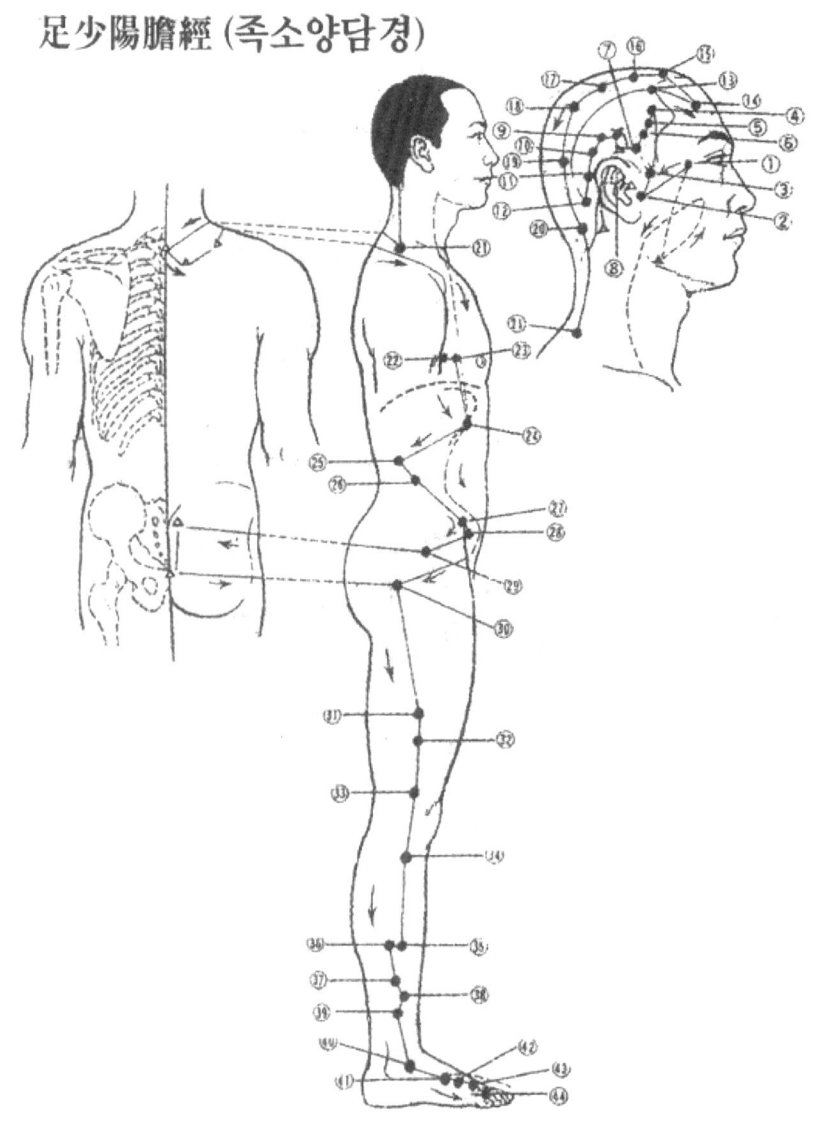

족소양담경

12경맥의 하나, 그 순행경로는 체내에서는 담(膽)에 속하고, 간(肝)에 연계되어 있다. 몸의 표면에서는 눈에서 머리의 옆쪽(옆머리), 귀, 뺨, 목덜미, 어깨, 가슴과 복부(腹部)의 옆쪽, 하지(下肢)의 바깥쪽을 거쳐서, 발의 넷째 발가락 끝에 이른다.

〈44경혈의 명칭〉

1. 동자료(瞳子髎)   2. 청회(聽會)   3. 객주인(客主人)   4. 함염(頷厭)
5. 현로(懸顱)   6. 현리(懸釐)   7. 곡빈(曲鬢)   8. 솔곡(率谷)
9. 천충(天衝)   10. 부백(浮白)   11. 두규음(頭竅陰) 12. 완골(完骨)
13. 본신(本神)   14. 양백(陽白)   15. 두임읍(頭臨泣) 16. 목창(目窓)
17. 정영(正營)   18. 승령(承靈)   19. 뇌공(腦空)   20. 풍지(風池)
21. 견정(肩井)   22. 연액(淵液)   23. 첩근(輒筋)   24. 일월(日月)
25. 경문(京門)   26. 대맥(帶脈)   27. 오추(五樞)   28. 유도(維道)
29. 거료(居髎)   30. 환조(環跳)   31. 풍시(風市)   32. 중독(中瀆)
33. 족양관(足陽關) 34. 양릉천(陽陵泉) 35. 양교(陽交)
36. 외구(外丘)   37. 광명(光明)   38. 양보(陽輔)   39. 현종(懸鐘)
40. 구허(丘墟)   41. 족임읍(足臨泣) 42. 지오회(地五會)
43. 협계(俠谿)   44. 족규음(竅陰)

(11) 족양명위경(足陽明胃經)

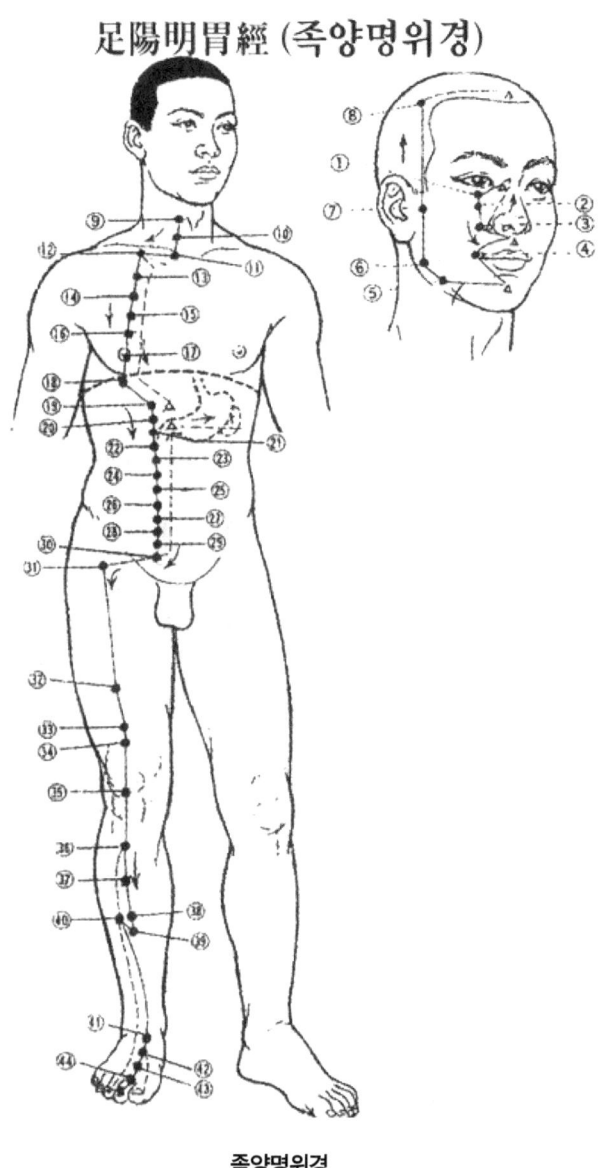

족양명위경

12경맥의 하나로서, 그 순행경로는 체내에서는 위(胃)에 속하고 비(脾)에 연결되어 있다. 몸의 표면에서는 코에서 얼굴, 옆머리, 목, 가슴과 복부, 하지(下肢) 바깥쪽의 앞을 지나, 발의 둘째 발가락 끝에 이른다.

〈45경혈의 명칭〉

1. 승읍(承泣)	2. 사백(四白)	3. 거료(巨窌)	4. 지창(地倉)
5. 대영(大迎)	6. 협거(頰車)	7. 하관(下關)	8. 두유(頭維)
9. 인영(人迎)	10. 수돌(水突)	11. 기사(氣舍)	12. 결분(缺盆)
13. 기호(氣戶)	14. 고방(庫房)	15. 옥예(屋翳)	16. 응창(膺窓)
17. 유중(乳中)	18. 유근(乳根)	19. 부용(不容)	20. 승만(承滿)
21. 양문(梁門)	22. 관문(關門)	23. 태을(太乙)	24. 활육문(滑肉門)
25. 천추(天樞)	26. 외릉(外陵)	27. 대거(大巨)	28. 수도(水道)
29. 귀래(歸來)	30. 기충(奇衝)	31. 비관(髀關)	32. 복토(伏兎)
33. 음시(陰市)	34. 양구(梁丘)	35. 독비(犢鼻)	36. 족삼리(足三里)
37. 상거허(上巨虛)	38. 조구(條口)	39. 하거허(下巨虛)	
40. 풍륭(豊隆)	41. 해계(解谿)	42. 충양(衝陽)	
43. 함곡(陷谷)	44. 내정(內庭)	45. 여태(厲兌)	

(12) 족태양방광경(足太陽膀胱經)

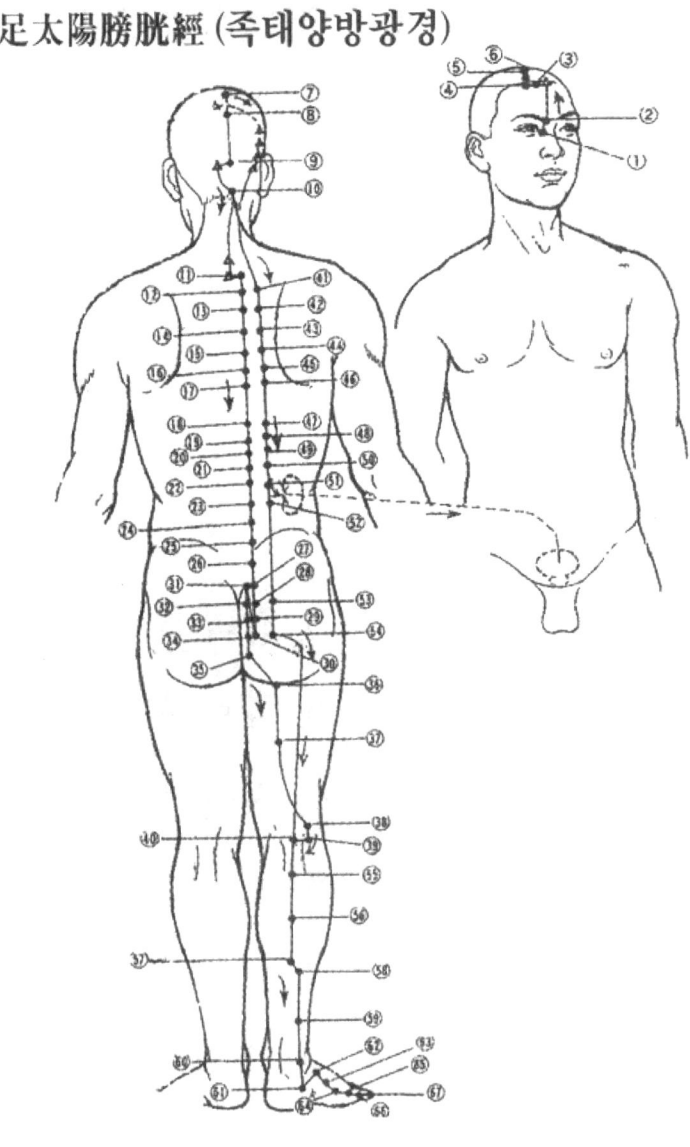

족태양방광경

12경맥의 하나로서 그 순행경로는 체내에서는 방광(膀胱)에 속하고 신(腎)에 이어져 있으며 더욱이 뇌(腦)에 연결되어 있다. 몸의 표면에서는 눈에서 위로 향하여 정수리를 넘어 뒤로 향하여, 다시 밑으로 향하며 목덜미 등의 양쪽, 둔부(臀部), 하지(下肢)의 뒤를 지나 발의 새끼발가락 끝에 이른다.

〈67경혈의 명칭〉

1. 청명(睛明)	2. 찬죽(瑕竹)	3. 미충(眉衝)	4. 곡차(曲差)
5. 오처(五處)	6. 승광(承光)	7. 통천(通天)	8. 낙각(落却)
9. 옥침(玉枕)	10. 천주(天柱)	11. 대저(大杼)	12. 풍문(風門)
13. 폐유(肺兪)	14. 궐음유(厥陰兪)	15. 심유(心兪)	16. 독유(督兪)
17. 격유(膈兪)	18. 간유(肝兪)	19. 담유(膽兪)	20. 비유(脾兪)
21. 위유(胃兪)	22. 삼초유(三焦兪)	23. 신유(腎兪)	
24. 기해유(氣海兪)	25. 대장유(大腸兪)	26. 관원유(關元兪)	
27. 소장유(小腸兪)	28. 방광유(膀胱兪)	29. 중려유(中膂兪)	
30. 백환유(白環兪)	31. 상료(上髎)	32. 차료(次髎)	33. 중료(中髎)
34. 하료(下髎)	35. 회양(會陽)	36. 승부(承扶)	37. 은문(殷門)
38. 부극(浮郄)	39. 위양(委陽)	40. 위중(委中)	41. 부분(附分)
42. 백호(魄戶)	43. 고황(膏肓)	44. 신당(神堂)	45. 의희(譩譆)
46. 격관(膈關)	47. 혼문(魂門)	48. 양강(陽綱)	49. 의사(意舍)
50. 위창(胃倉)	51. 황문(肓門)	52. 지실(志室)	53. 포황(胞肓)
54. 질변(秩邊)	55. 합양(合陽)	56. 승근(承筋)	57. 승산(承山)
58. 비양(飛陽)	59. 부양(跗陽)	60. 곤륜(崑崙)	61. 복삼(僕參)
62. 신맥(申脈)	63. 금문(金門)	64. 경골(京骨)	65. 속골(束骨)
66. 족통곡(通谷)	67. 지음(至陰)		

3) 기경8맥(寄經八脈)

기경(寄經)은 경맥의 하나로서, 임맥(任脈), 독맥(督脈), 충맥(衝脈), 대맥(帶脈), 양유맥(陽維脈), 음유맥, 양교맥, 음교맥의 도합 8개의 경맥을 포함하고 있는 고로 기경8맥(寄經八脈)이라 불린다. 오장육부와는 직접적인 연계(連繫)가 없으며, 기경 상호간에도 아무런 관련이 없다.

'기경8맥(寄經八脈)'은 기혈(氣血)의 운행이 조절하여 주는 특수한 통로(通路)로서, 기능상(機能上)으로는 12경맥의 부족을 보충하여 주는 일을 한다.

(1) 독맥(督脈)

督 脈 (독맥)

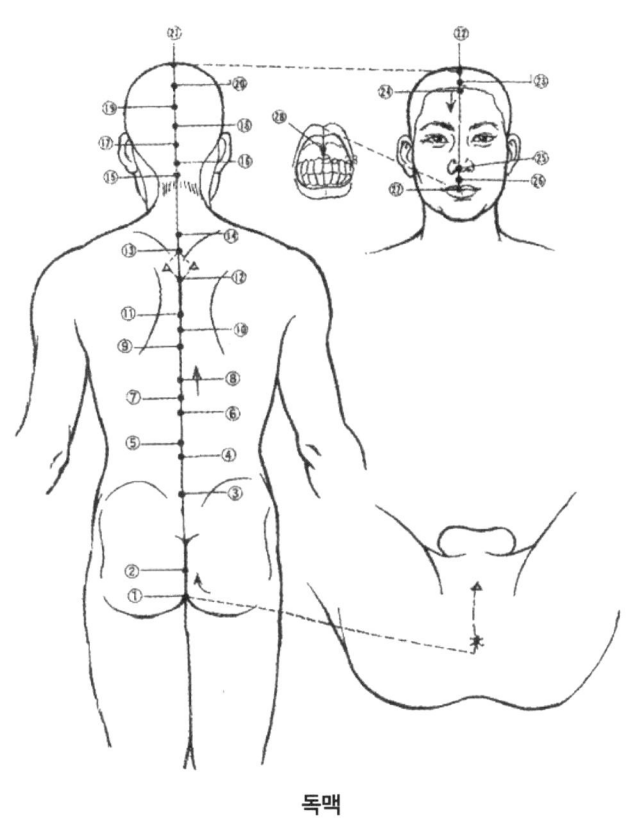

독맥

　기경8맥(寄經八脈)의 하나로서, 회음부(會陰部)에서 일어나서 등의 척추 한가운데를 따라서 위로 향하고, 뒤통수를 거쳐서 정수를 넘어 윗니의 한가운데에 이른다(이상 모두 한가운데를 따라서 분포하고 있다).
　순행과정에 있어서 척수(脊髓), 뇌(腦) 및 모든 양경(陽經: 手足의 삼양경(三陽經), 독맥(督脈), 양유맥, 양교맥)과 서로 연계되어 있다. 양경맥의 큰 줄기이다.

(2) 임맥(任脈)

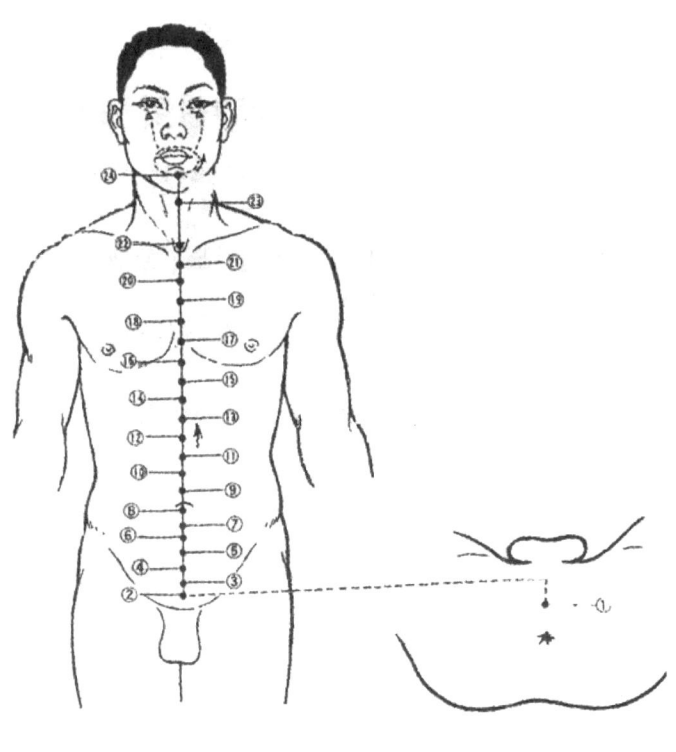

임맥

　기경8맥(寄經八脈)의 하나, 아랫배 안쪽에서 일어나 척수뼈 속을 따라 위로 올라간다. 동시에 회음(會陰)부에서 나와서, 위로 올라가 음부(陰阜: 불두덩)에 이르며, 복부(腹部) 입술의 한 가운데에 이른다. 여기에서 좌우로 갈라져 눈에 이른다. 순행과정에 있어서 모든 음경과 서로 이어져 있다. 음경(陰莖)맥의 큰 줄기이다.

제 3 장

수련 방법론

1. 수련 요소

　수련은 생명활동의 근본과 원동력을 기르는 심신(心身)의 수련이다. 육체(肉體)와 마음을 함께 단련하는 심신일여(心身一如), 성명쌍수(性命雙修)의 수련이므로 먼저 정(精)과 기(氣)가 조화되어야 하고 신체의 움직임, 즉 동작이 생명활동이 원활히 이루어지도록 막힘이 없고 미치지 못함이 없어야 한다. 마음 또한 육체의 움직임을 이끌어 나가며, 몸의 상태에 맞지 않는 욕심이 앞서거나 조급하지 않으며 몸에 집중해야 하며, 이러한 육체와 마음의 효과 있는 수련을 위해서는 반드시 호흡이 조화롭게 이루어져야 한다. 몸의 움직임에 따라 호(呼), 흡(吸)이 되며 필요할 때에 그 길이가 길고 짧아야 하고, 동작의 특징에 따라 내쉼과 들숨의 경중을 달리해야 할 경우를 잘 헤아리며, 내쉼을 통하여 탁기가 완전히 배출되어야 하며 들숨을 통하여 필요한 천기(天氣)가 보충되며, 마음의 흔들림이 있을 때, 숨을 통하여 안정이 이루어지는 등, 육신(肉身)을 바르게 하는 '조신(調身)', 마음을 바르게 고르는 '조심(調心)', 숨을 바르게 쉬는 '조식(調息)' 이 세 가지를 도인(導引) 수련의 삼조(三調)라 한다. 도인의 특징은 이 세 가지가 서로 불가분의 관계로 각기 홀로 이루어지는 것이 아니고 어떤 유파의 어떤 공법을 수련하든지 도인 삼조는 같이 이루어지는 것이다. 호흡과 조화되지 않은 몸의 동작은 도인(導引)이라 할 수 없으며, 의수(意守) 단전 등 의념(意念)이 없는 동작이나 호흡 또한 도인이라 할 수 없는 것이다. 심신수련은 육체의 움직임이 없는 정공(靜功)이라 할지라도 자세(姿勢), 호흡

(呼吸), 의념(意念)의 세 가지의 조화(調和)가 없이는 수련의 효과를 얻을 수는 없다. 이제 도인(導引) 수련법 삼조인 조신(調身), 조식(調息), 조심(調心)에 대하여 살펴보자.

1) 조신(調身)

조신(調身)은 신체를 자각적으로 조절하는 것을 말한다. 형(姿勢)이 바르지 않으면 기(氣)가 따르지 않고 기(氣)가 따르지 않으면 의(意)가 안정되지 않으며 의가 안정되지 않으면 기가 흩어진다. 그러므로 양생수련에서는 몸의 자세가 중요한 것이다. 조신의 목적은 틀어진 몸의 형태를 바로잡고 올바른 몸놀림을 함으로써 기혈 소통을 원활하게 하여 건강을 증진하려는 데 있고 다른 하나는 바른 자세를 취함으로써 조식과 조심에 유리한 상태를 조성하여 수련을 효과적으로 진행하려는 데 있다. 몸의 움직임이 없는 정공수련에서는 자세를 중요시하고, 몸의 움직임이 있는 동공에서는 자세(姿勢)와 함께 동작(動作)을 중요시한다. 자세는 항상 바로 하여 인체의 기혈의 흐름이 원활하도록 하여 수련의 효과를 높이며, 머리끝에서 발끝까지 신체 각 부위의 근육과 관절의 긴장(緊張)을 완전히 이완(弛緩)하도록 하며, 동시에 정신적 긴장도 풀어야 한다. 또한 균형의 유지로서 몸의 전후좌우 어느 쪽으로도 기울어지지 않게 균형을 이루도록 하되 스스로 가장 편한 자세를 연구해서 수련해야 한다. 그리고 몸의 중심이 항상 단전(丹田)에 두고 바른 자세를 취해야 한다.

동작을 취함에 있어서도 좌우가 대칭(對稱)되도록 고르게 하여 신체의 균형을 유지하여 기혈의 소통이 잘되게 하며, 동작을 취하되 자기의 현재 몸의 상태를 살펴서 신체에 무리가 가지 않도록 하며 동작을 적당히 행하지 아니하고 무리하게 함으로써 근육이 뭉치는 등의 부작용이 발생하지 않도록 하여야 한다.

자세는 도인(導引) 단련 중의 작용이 독특하다. 어떤 공법 중에는 자세만 정확하면 내기(內氣)가 강화되고 신체의 불균형이 교정되고 장부의 기능이 원활해지는 것이 있는데, 예로 오금희(五禽戲)의 원숭이 자세는 신(腎)을 강화하고, 사슴의 자세는 위(胃)를 강화하고, 곰의 자세는 간(肝)의 기를 이롭게 하며, 학(鶴)의 자세는 정신(精神)을 강화한다. 이와 같이 자세만 바르게 취해도 내기(內氣)가 강화되고, 장부(臟腑)의 기능을 강화할 수 있는 것이 도인(導引) 수련의 특징이다.

2) 조식(調息)

인간이 그 생명을 유지하기 위하여 두 가지가 끊이지 않고 계속되어야 한다. 즉 심장이 멈추지 않고 박동(博動)해야 하며, 호흡(呼吸)이 계속되어야 한다. 심장의 박동은 자율신경(自律神經)의 작용을 받아 인간의 의지(意志)와 관계없이 생명이 있는 한 계속되는 것이지만, 호흡(呼吸)은 자율신경의 작용도 받지만 인간의 의지(意志)로 조절이 가능한 것이다. 따라서 인간은 그 의지에 의해서 호흡의 양과 질을 생명활동에 요구되는 최적의 상태로 수련할 수 있는 것이며, 도인(導引)의 참뜻이 양질(良質)의 호흡을 위한 몸의 움직임이라는 것을 통해서도 호흡의 중요성을 알 수 있는 것이다. 이 때문에 고대로부터 양생가들은 호흡에 특별한 관심을 가지고 양질의 호흡을 위하여 노력한 것을 알 수 있는데, 불경 중에서 《안반수의경(安般守意經)》은 그 전체가 호흡에 관한 석가(釋迦)의 가르침이며, 우리나라 조선 때의 정북창(鄭北窓) 선생의 《용호비결(龍虎秘訣)》도 호흡의 비결을 기록한 것이며, 인도에서 발생한 요가도 호흡의 중요성을 강조하고 있다. 《안반수의경》에는 호흡의 작용, 즉 조식(調息)은 번뇌를 없애 버리고 정신(精神), 사유(思惟), 의식(意識)을 안정시킨다고 하였다.

《용호비결》의 본문에 "今欲閉氣者 先修靜心, 疊足端坐(佛書所謂金剛坐也) 垂簾下視 眼對鼻白, 鼻對臍輪(工夫精神全在於此 當是時來脊如車輪), 入息綿綿 出息微微…" 즉, "폐기(閉氣)[6]를 하려면 먼저 마음을 고요하게 해야 할 것이니, 다리를 포개어 단아하게 앉아라(佛書에서는 이른바 금강좌라 한다). 그리고 눈썹은 발을 내리듯이 내리고 시선은 아래를 보아라. 육체적

---

6) 閉氣: 흔히 이의 뜻을 止息으로 오해하는 경우가 많은데 이의 참뜻은 수련한 기(氣)가 새어 나가지 않도록 단속을 하라는 것이다. 잦은 방사(房事)나 능력을 지나는 몸의 움직임, 말을 많이 하거나 불필요한 것을 보고 듣는 것도 축기(蓄氣)에 도움이 되지 않아 폐기(閉氣)를 강조한다.

인 눈은 코의 흰빛과 상대하라(공부의 정신은 모두 여기에 있다). 들어오는 숨은 면면(綿綿)[7]하게 하고, 나가는 숨은 미미(微微)[8]하게 하라"라고 하여 호흡 수련의 바른길을 제시하였다.

중국의 명의 화타는 '호흡(呼吸)하여 이것을 이끌어 옛것은 토(吐)하고 새것은 들어오게 하면(吐古納新) 오래 산다'고 하였다. 과거에는 토납법, 복기법, 단전호흡 등 호흡과 관련 있는 명칭이 기공을 대표하는 말로 사용되어 기공(氣功)에서의 호흡(呼吸)의 중요성을 알 수 있으며, 조식(調息)에는 효율적인 올바른 호흡법으로 대자연의 기(氣)를 충분히 받아들여 생명 활동의 근원적 에너지로 전환시키고, 또 호흡조절로 조심에 협조함으로서 연공을 효과적으로 진행하는 것의 두 가지 목적이 있다 하겠다.

호흡의 종류와 방법은 호흡은 의념을 가지고 하는 의념(意念)호흡과 의식을 수반하지 않은 자연(自然)호흡이 있으며, 호흡의 깊이에 따른 복식호흡과 흉식(가슴)호흡이 있으며, 생리적으로 날숨과 들숨이 있으며, 의념을 하는 방법에 따라 단전호흡, 명문호흡 등이 있으며, 호흡의 방법에 따라 들숨에 횡격막을 팽창시키고 날숨에 반대로 하는 순(順)호흡과 이와 반대로 하는 역(逆)호흡, 들숨과 날숨, 날숨과 들숨, 사이에 호흡을 잠시 멈추는 정폐(停閉)호흡법이 있다. 호흡은 어느 것을 선택하여 하든지 몸의 상태와 수련의 공법에 맞는 것이어야 하며, 무조건 호흡이 길어야 효과가 큰 것이 아니고 절대로 무리하지 않으며 항상 평안한 상태가 유지되어야 한다.

3) 조심(調心)

조심(調心)은 '의념(意念)'을 중심으로 해서 이루어진다. 조신(調身)과 조식(調息), 즉 몸의 수련과 호흡의 수련은 모두 의식(意識)의 이끌림에 의해서 이루어지기 때문에 조심(調心)은 형태는 없지만 심신수련에서 몸의 자세와 호흡을 이끌어 가는 삼조(三調)의 우두머리라 할 수 있

---

7) 綿綿하게: 이는 도끼를 내려치듯이, 또는 떨어지는 유성(流星)같이, 실타래에서 실을 푸는 것같이 멈춤이 없이 곧게 고르게 이어져야 하는 것을 말한다.
8) 微微하게: 이는 특정한 형태를 갖는 것이 아니고, 마치 있는 듯 없는 듯, 숨이 나가는지 아닌지를 구분할 수 없게 내쉬는 것을 말한다.

다. 수련의 원리에도 심기혈정(心氣血精)의 원리는 '마음이 기와 몸을 이끌어 간다'고 하였다.

조심(調心)을 고대에서는 존상(存想), 존념(存念), 존신(存神), 선관(禪觀), 반관(返觀), 지관(止觀), 심제(心齊), 정신내수(精神內守) 등으로 불렀다. 이것은 의식의 수련을 말한다. 즉 연공 중에는 자신의 사상, 정서, 의식의 활동을 서서히 정지시키고 잡념을 배제하여 입정(入靜), 허무(虛無) 상태의 경지로 들어서게 하는 것이 요구되는 것이다.

태백진인(太白眞人)의 《활인심법(活人心法)》에서 백 가지 병이 발생하는 이유는 마음이 흐트러지고 동요함에 있다고 하였다. 〈치심편〉에서는,

구선(臞仙)이 말하기를 '마음이란 신명(神明)이 머무는 곳이니, 텅 비어 있으나 그 안에 신명이 들어 있다. 사물에 따라서 마음이 흐트러지기도 하고, 놀라기도 하고, 방탕하기도 하고, 혹은 경계하기도 하며, 혹은 기뻐하고 노하고 혹은 생각에 잠기기도 하여, 하루에도 잠시도 가만있지 않는다. 그러므로 신명이 마음속에 머물러 있지 않으면 몸이 상하게 된다. 항상 신명이 마음과 같이 되도록 하여 삼가 선한 일을 행하고, 만약에 욕심이 일어나면 이것을 다스려야 한다. 분노나 게으름이 일어나면 이것은 나의 적이라고 생각하여 없애도록 할 것이다. 무릇 일곱 가지 감정(七情)이나 여섯 가지 욕심(六慾)이 마음에 생기면 모두 가라앉혀서, 신명에 통하게 하면 밖으로 나오지 않게 된다. 이것이 하늘의 도이다. 마음은 마치 물과 같아서 쉬지 않게 하여 맑고 깨끗하게 하면 그 밑을 맑게 볼 수 있으니, 그것이 영명이라고 하는 것이다. 마땅히 고요히 하여 원기를 굳게 지니면 만 가지 병이 생기지 않는다. 그러므로 오래 살 수 있으나, 만약에 한 생각이 이미 움직이지 않고, 신령이 밖으로 달리고 안에서 피와 골수가 흩어지고, 기가 성하여 위장이 혼란하면 이것은 모두 마음으로부터 일어난 것이다. 그러므로 병이 생기지 않도록 하는 것은 마음을 다스리는 데서 있게 된다.'라고 하였다.

그리하여 여러 가지 도인(導引)법을 행하되, 눈을 감고 반좌(盤坐)하여 고요히 마음을 가라앉히라고 하였다. 이와 같이 마음은 양생의 기본이며 마음을 선(善)하게 하고, 고요히 하고,

집중하여 조신(調身)과 조식(調息)의 수련이 원만한 결과를 이룰 수 있도록 마음의 다스림이 중요하다 하겠다.

기능 향상과 틀어짐과 쏠림을 교정하여 기혈의 흐름을 바르게 하여 생명력을 높이는 것이며, 고대로부터 행한 동양의 체육이라고 할 수 있다. 도인(導引)은 경락학의 원리에 따라 행공(行功)하고, 음양과 오행의 원리에 근거를 두고, 정기신을 고루, 체계적으로 수련하는 동양 양생(養生)의 방법론이며, 크게 정공(靜功)과 동공(動功)으로 나누며, 목적에 따라 무술공, 보건공, 치료공 등으로 나눈다.

2. 수련 방법

1) 도인(導引)의 특성

(1) 마음과 자세를 같이하되 마음을 중시

마음과 자세를 같이하되 마음을 중시한다. 의(意)는 의념(意念) 또는 의수(意守)를 말한다. 형(形)은 자세 또는 동작을 가리킨다. 공법의 수련에서는 의념과 자세가 밀접하게 결합되기를 요구하며, 그에 따라서 실력이 향상되고, 동작이 숙달되면 수련의 중점을 의념으로 차츰 전환하는 것을 말한다.

(2) 동작과 호흡을 같이하되 호흡을 중시

동작과 호흡을 같이하되 호흡을 중시한다. 공법의 도인에서 요구하는 동작과 호흡은 긴밀하게 결합하는 것이 중요하다.

(3) 온몸을 이완하고 자세를 편히 펼치라

온몸을 이완하고 자세를 편히 펼치라 하는 것은 공법수련의 도인(導引)에서 또 하나의 특징이다. 전체의 동작이 넓고 소탈하며, 뻣뻣하게 구속되지 않고, 천천히 부드럽고 가볍게 날리듯 하며 적당히 편안하고 자연스러움이 마치 봄누에가 끊이지 않고 면면히 실을 토하듯 하여야 한다.

(4) 움직일 때는 반드시 펼치고, 꾸밀 때는 반드시 감아라

움직일 때는 반드시 펼치고, 꾸밀 때는 반드시 감으라는 것 또한 도인법 수련법의 특징 가운데 하나로서 동작의 처음부터 마지막까지 요구되는 사항이다. 이러한 동작은 각각의 동작에서, 포괄적으로 상지(上肢)와 하지(下肢) 모두를 돌리고 휘감으며 비틀어 짜서 휘돌리는 가운데 이루어져야 한다는 것이다.

(5) 항문을 강하게 조이고, 이완을 호흡과 합해 귀하게 여기라

항문을 강하게 조이고, 이완을 호흡과 합해 귀하게 여기라. 즉 항문을 회음부(會陰部)와 함께 치켜든다. 즉 항문을 회음부와 이완해 내린다.

(6) 천천히 느슨하고 부드럽게 화합

천천히 느슨하고 부드럽게 화합함이 둥그렇고 생기 있게 연이어지듯이 하라. 수련에는 사요(四要)와 사불(四不)이 있다.

① 사요(四要: 4가지 요구)
첫 번째, 완만(緩慢)(천천히 느슨함)

두 번째, 유화(柔和)(부드럽게 화합)

세 번째, 원활(圓活)(둥그렇고 생기 있게)

네 번째, 연관(連貫)(연달아 이어지듯)

② 사불(四不: 4가지 불가)

첫 번째, 불강경(不僵硬)(굳고 뻣뻣하지 않음)

두 번째, 불송해(不松懈)(이완을 게을리 말라)

세 번째, 불직왕(不直往)(곧바로 가지 마라: 원(圓)운동을 하라)

네 번째, 불단속(不斷續)(자르고 끊지 말라)

2) 도인의 원칙

(1) 도인은 동작과 자세와 함께 호흡(呼吸)과 의식(意識)이 병행되어야 한다.

(2) 도인은 심장(心臟)에서 먼 곳부터 시작하여 차츰 몸의 중심으로 이동한다.

(3) 도인은 호흡(呼吸)의 조정으로 시작과 마무리를 한다.

(4) 도인은 한쪽에 치우치지 않아야 하며 상하, 전후, 좌우가 골고루 움직이도록 대칭이 되어야 한다.

(5) 수련 시 욕심은 금물이며 반드시 심신의 이완(弛緩)이 이루어진 다음에 시행한다.

(6) 도인으로 단련된 진기(眞氣)는 수련의 종료와 함께 단전으로 거둬들이는 수공(收功)을 반드시 하여야 한다.

3) 화후(火侯)론

화후(火侯)는 본래 용광로에서 철물을 제련할 때 가장 중요한 작용인 불의 조정을 말한다.

양생에서 가장 중요한 것은 호흡(呼吸)이다. 화후(火候)는 양생 수련이 원만한 목표에 이르기 위해 호흡의 강도(强度)와 장단(長短)과 의념의 강약(强弱)과 그 장소의 조정을 말한다. 단경(丹經)의 왕이라고 일컫는 《참동계(參同契)》는 역(易)의 사상을 수련 원리에 도입하고 수련을 연금술에 비유하였는데, 수련 시의 호흡조절을 화후(火候)라는 연금술 용어를 사용한 것이 그 시작이다. 또 호흡의 강도에 따른 문화(文火)[9]와 무화(武火)라는 용어도 처음 사용하였다. 내단(內丹)[10] 이론을 완성한 북송(北宋)의 장백단(張伯端)은 그가 지은 〈오진편(悟眞篇)〉에서 "대개 금단(金丹: 내단의 완성단계)은 화후(火候)를 힘입어 닦아 가느니라. 불[火]이란 닦아 나가는 공(功)이요, 후(候)란 닦아 나가는 차서(次序)이니라"고 하여 화후(火候)를 정의하고 도인수련에서 호흡의 중요성을 강조하였다.

도인(導引)은 몸과 마음, 그리고 숨이 결합해 생명력을 높이는 수련법이다. 호흡의 조절을 통한 도인 수련은 생명의 질을 높이는 데 매우 중요하다.

4) 운기(運氣)론

운기(運氣)란 문자의 의미대로 기(氣)의 움직임을 말한다. 기론(氣論)적인 입장에서 인체는 기(氣)이고 그 임무와 작용별로 분류한 것이 정(精)·기(氣)·신(神)이다. 앞의 정기신론에서 살펴본 바와 같이 기(氣)는 생명유지와 생명활동을 위한 생리적 작용이자 활동의 에너지이다. 따라서 기(氣)는 항상 움직인다. 기의 작용으로 혈액이 순환하고 소화가 이루어지며, 인체의 70%를 차지하는 물의 흐름에 관여하며, 적정의 체온을 유지하며, 외사(外邪)를 방어하는 임무도 기의 소관이다. 기는 움직여서 생명이 유지되고 활동하게 한다. 이러한 움직임은 인체의 자율신경계의 조정에 의하여 이루어지는 것이기 때문에 여기서 논하는 운기와는 구별된

---

9) 문화(文火): 내단 수련 시 의념의 강도를 낮추고 평안하게 하는 호흡을 말하며, 무화(武火)는 강하게 하는 것을 말한다.
10) 인체 내의 근원적인 생명력, 즉 호흡과 의념을 중심으로 정·기·신을 단련하는 것. 단(丹)이라는 것은 기운이 둥글게 뭉쳤다는 의미로 수련을 통하여 형성된 기(氣)의 덩어리를 말하며 의지(意志)에 의하여 운기(運氣)가 가능한 상태를 말한다.

다. 운기(運氣)란 수련에 의해서 축적된 기(氣), 즉 연정화기(煉精化氣)에 의하여 이루어진 기를 의념(意念)의 작용에 따라 움직여서 인체의 생명능력을 능동적으로 향상시키는 것을 의미한다. 동양의 수련에서 운기는 매우 중요하다. 소주천(小周天),[11] 대주천(大周天)[12]은 운기의 깊은 경지를 말한다.

  운기의 조건은 수련에 의해서 형성된 기(氣)의 충만함을 전제로 한다. 마음[神]이 기를 통제하여 마음으로 기를 움직일 수는 있지만 축적된 기(氣)가 부족할 경우에는 기능 향상의 효과는 없고 의식이 종료하면 기(氣)는 다시 돌아오게 되어 있다. 기(氣)의 수련에 의하여 기(氣)가 충만한 상태가 되면 그 기(氣)는 넘쳐서 스스로 움직이는데, 이러한 상태를 단(丹)이 형성된 상태라고 하고, 단(丹)이란 기운의 덩어리이고 그것은 스스로 또는 의식에 의하여 움직일 수 있다. 조선 중기의 내단(內丹)가인 북창(北窓) 정념(鄭磏) 선생은 그가 지은 《용호비결》에서 다음과 같이 말하고 있다.

> 따뜻한 기운이 미미한 상태에서 차츰 뚜렷해지고 아래에서 위로 올라가는 것이(열기가 이르는 곳이 점점 환하게 열리면서 올라간다) 마치 꽃봉오리가 점점 피어나는 것 같아서 소위 빛나는 연못에 연꽃이 피어난다고 하는 것이다. (신수화지라고 하는 것은 마음을 비어 아무것도 없는 고요한 경지를 돈독히 유지할 때에 쓰는 말이니 바로 이것이 무엇보다도 가장 중요한 것이라고 할 수 있다)[13]

수련에 의하여 충만해진 기(氣)의 움직이기 시작함을 말하고 있다. 도인(導引) 수련의 삼조(三調) 중 하나인 조심(調心)은 운기와 깊은 관련이 있다. 신(神)은 정(精)과 기(氣)를 통솔하

---

11) 소주천(小周天): 기공의 수련에서 기의 운기(運氣)단계가 양(陽)기의 통솔경락인 독맥(督脈)과 음(陰)기의 통솔경락인 임맥(任脈)의 두 경락에 이른 상태며, 음양의 조화가 이루어져서 소화와 기혈의 순환상태가 원활해져서 질병으로부터 벗어나, 생명력에 문제가 없는 상태의 경지라고 할 수 있다.
12) 대주천(大周天): 운기의 단계가 전신에 이른 경지로서 인간의 본래 초능력이 발휘되는 단계. 소주천이 신체의 소화·순환·생식계 기능의 완성이라고 한다면, 대주천은 신경을 포함한 인체의 생명력과 관련된 전 기능이 완성된 단계며, 특히 신(神)이 밝아져 신명(神明)의 상태에 이른다고 한다.
13) 則溫溫之氣 從微至者 自下達上 (熱氣所至 漸漸開豁上達) 如花至漸開 所謂華池生蓮花也 (神水華 池云者 致虛極 守靜篤之時也 此最緊要處也)

기 때문이다.

5) 호흡론(呼吸論)

　동양의 전통적인 건강 수련법인 요가, 태극권 등이 각광을 받는 것은 한마디로 동양 양생수련법의 중심에는 호흡(呼吸)이 있기 때문이다. 물론 서양 체육이 호흡과 관련이 없다는 것은 아니다. 그렇지만 동서양의 수련법을 구성하는 호흡의 역할을 살펴보면 동양은 호흡이 수련의 중심이 되는 반면에 서양은 움직임이 주가 된다. 동양 전통수련의 다른 이름을 기(氣) 수련이라고 하는 것은 수련의 중심이 호흡(呼吸)인 기를 중심으로 하기 때문이다. 호흡은 두 가지의 생명현상의 하나이다. 이는 생명 현상인 심장의 박동과 호흡은 생명의 유지를 위해서는 한시도 그쳐서는 안 된다. 이 중에서 심장의 움직임은 인체의 생명유지 메커니즘 중에서 자율신경에 의지하고 있지만 호흡은 자율신경에 의해서 유지, 발현되지만 심장의 운동과는 달리 인간의 의지에 의해서도 조절이 가능하기 때문이다. 그래서 동양은 일찍부터 생명의 질을 높이는 수련 방법이 발전하였는데 대부분이 호흡 수련과 관련이 있다.

　호흡은 숨의 내쉼과 들이마심을 말한다. 생물 생존에 필요한 산소를 외계로부터 흡입하고, 불필요한 이산화탄소(탄산가스)를 배출하는 기체교환현상을 말한다. 세포 내에서는 산소와 반응한 영양소에서 에너지가 방출되어 이산화탄소가 생성된다(이것을 물질대사라 한다). 호흡은 물질대사가 이루어지는 조직세포에서 일어나며 그 가스를 주고받는 혈액을 통하여 폐에서도 이루어진다.

　앞의 것을 내호흡(조직호흡), 뒤의 것을 외호흡(폐호흡)이라 한다. 내호흡은 주로 생화학 연구대상이고, 외호흡은 주로 생리학에서 다루는 경우가 많다. 산소와 이산화탄소의 출입량이 안정 상태인 것은 성인인 경우, 1분에 산소가 250㎖, 이산화탄소가 200㎖ 정도이다. 격렬한 운동을 한 경우에는 이것의 몇 배가 된다. 게다가 체내의 산소저장량은 1ℓ 남짓밖에 되지 않으므로 호흡에 의한 산소의 흡입은 잠시도 쉴 수 없는 중요한 신체활동이라 할 수 있다.

(1) 호흡기의 구조

호흡기는 그림에서와 같이 비강에서 인두·후두를 거쳐 기관(氣管)에 이른다. 기관은 다시 좌우의 기관지로 갈라지고, 폐 안에서 수많은 분기(分岐)를 되풀이하면서 그 수가 증가한다. 분기는 10~23회 거듭하다가 최종적으로는 얇은 주머니 모양의 폐포에서 끝난다. 가스교환은 주로 이 폐포에서 이루어진다. 하나하나의 폐포는 지름 100μ 정도의 소포(小胞)인데, 좌우의 폐를 합하면 약 3억 개나 된다. 따라서 가스교환을 위한 표면적은 약 60㎡에 이른다.

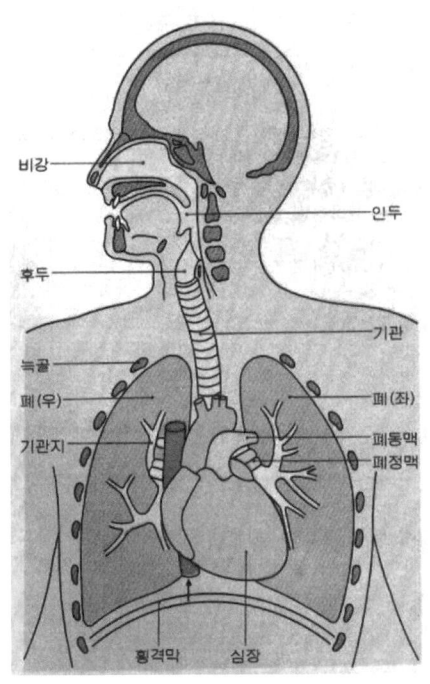

(2) 폐기량(肺氣量)

보통 폐 안에 있는 공기량은 2ℓ가량이며 호흡할 때마다 약 0.5ℓ의 공기가 들어온다. 호흡을 하여도 폐 내에는 공기가 어느 정도 남는데, 이것을 잔기량이라 한다. 잔기량은 폐를 둘러싸고 있는 흉막강의 내압이 대기와 통하고 있는 폐의 기도 내압보다 낮고, 폐를 바깥쪽으로 넓히는 힘이 작용하기 때문에 생긴다. 한 번의 심호흡으로 4~5ℓ의 공기를 들이마실 수 있는데, 이것이 폐활량이다. 이때 폐 내 공기의 총량은 6ℓ가 좀 못 되며, 이를 전폐기량(全肺氣量)이라 한다.

(3) 폐에서의 가스 교환

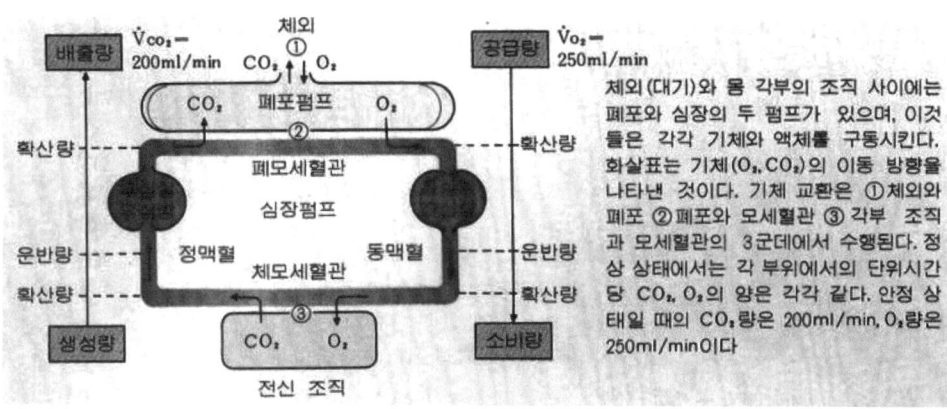

폐포의 둘레는 폐모세관이 둘러싸고 있는데, 그 표면적은 폐포 표면적과 거의 같은 약 60㎡이다. 그러나 이 부위에 있는 혈액량은 약 70㎖밖에 되지 않으므로 폐포 내의 가스는 폐포와 폐모세혈관막이 박막(1μ 이하)을 통하여 아주 얇은 혈액의 층과 접하게 된다. 따라서 혈액이 폐모세혈관 내를 통과하는 약 1초 동안에 폐포가스와 폐모세혈관 내의 가스는 완전한 평형상태를 이룬다.

[표] 흡기·폐포기의 조성 및 그 농도와 분압

	CO_2	O_2	H_2O	N_2	계
흡 기(Vol.%)	0.04	20.93	0	79.03	100
폐포기(Vol.%)	5.6	14.0	0	80.4	100
폐포기(mmHg)	40	100	47	573	760
동맥혈(mmHg)	40	100	47	573	760
정맥혈(mmHg)	46	40	47	573	706

*주 : 농도=Vol.%, 분압 mmHg

이 경우의 가스 이동은 확산(擴散: diffusion)에 의한다. 확산이란 기체나 액체와 같은 유동 물질의 농도가 장소에 따라 다를 때 물질이 이동하여 농도의 균일화가 일어나는 현상을 말한다. 이와 같은 폐에서의 가스교환의 결과 폐포 내의 공기는 외계의 공기보다 산소농도가 낮아지고 이산화탄소의 농도는 높아진다. 표에서처럼 산소는 약 21%에서 14%, 이산화탄소는 대략 0에서 5.6%가 된다. 이 폐포가스는 기능적 잔기량인 가스에 대하여 끊임없이 외계로부터 호흡에 의하여 공기가 출입하기 때문에 일정하게 유지되고 있다. 또 산소와 이산화탄소의 농도는 가스의 분압(分壓)에도 잘 나타난다. 폐포 내의 산소와 이산화탄소의 분압은 100mmHg와 40mmHg이다. 이것과 평형을 이루는 동맥혈에서도 산소와 이산화탄소의 분압은 100mmHg와 40mmHg가 된다. 정맥혈에서는 조직에서의 가스 교환으로 산소는 40mmHg로 저하하고 이산화탄소는 46mmHg로 상승한다.

(4) 호흡 운동

호흡 운동의 기구(機構)를 모식도로 나타낸 것이 다음 그림이다.

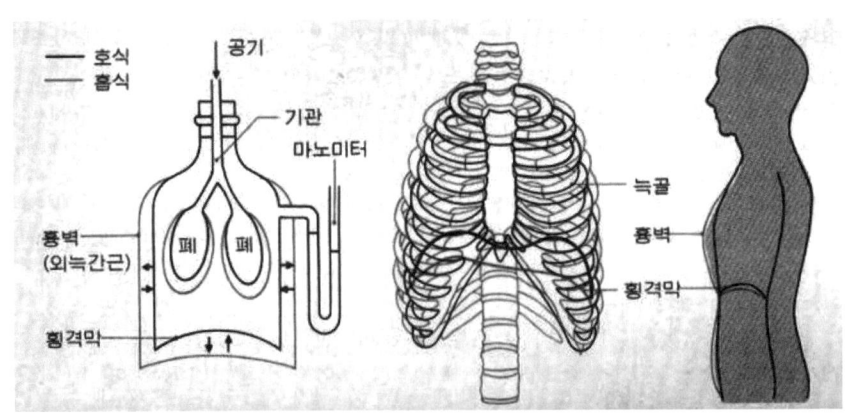

호흡 운동은 늑골과 횡격막의 운동에 의해 이루어지는데, 늑골은 그 안팎에 붙은 내·외늑간 조에 의해 조절된다. 폐를 둘러싸는 흉벽과 횡격막은 숨을 들이쉴 때 파란 선 위치까지 확대된다. 따라서 외기와 통하고 있는 기도내압에서 폐 주위 흉막강 내압으로의 압력구배가 커져 폐가 팽창한다. 흉부를 움직이는 것은 외늑간근(外肋間筋)인데, 늑골 사이에 비스듬히 뻗어 있다. 이 근육수축에 의하여 늑골은 척추를 지점(支點)으로 위쪽으로 치켜올려지므로 흉부가 전후좌우로 확대된다. 횡격막은 강력한 근육조직으로 볼록한 돔(dome) 모양을 하고 있다. 횡격막은 수축에 의하여 면적이 축소되므로 폐는 아래쪽으로 밀려 내려간다. 들이쉬는 숨이 끝나면 흉벽과 횡격막은 자체의 탄성에 의하여 원위치로 돌아가고, 흉막강 내압도 처음의 내압으로 돌아가므로 폐는 압박되어 수동적으로 숨을 내쉬는 모양이 된다. 호흡 운동이 아주 심해지면 내늑간극 등의 호흡근이 작용해서 적극적인 호흡이 이루어진다.

제 4 장
수련의 필요조건

1. 잠재력을 충분히 발휘해야 한다

선무예를 수련하면 잠재력이 발휘되기 때문에 심신이 안정되고 왕성해진다. 인체에 내포되어 있는 많은 잠재력은 평상시에는 잘 발휘되지 않고 있다. 이를테면 대뇌신경 세포는 약 140억 개나 되지만 항상 활동하는 것은 약 10억 개밖에 안 되며 그리고 또 약 80~90%의 신경세포는 제대로 그 작용을 잘 발휘하지 못하고 있다.

인체의 1㎟의 횡단면적에는 약 2,000갈래의 모세혈관이 있지만 안정상태에서는 그 가운데 5갈래 정도밖에 혈액이 통과하지 않는다. 그러나 운동 시에는 200갈래의 모세혈관에 혈액이 통한다. 다시 말하면 인체의 90%가량 되는 모세혈관은 예비상태에 놓여 있다. 체중이 70kg 되는 사람의 모세혈관을 한데 이어 놓으면 약 4만 ㎞나 된다. 이렇게 인체에 미세하게 분포된 혈관망은 마치 전신에 널려 있는 수백만 개의 아주 작은 심장과도 같다. 폐포가 위축되어 조금 활동하여도 숨이 차고 피로한 감을 느낀다. 그러나 선무예를 하면 폐활량이 현저히 증대하며 혈관용적이 현저히 증가한다.

호흡에는 외호흡과 내호흡이 있다. 기체교환은 외호흡 시에 폐포 벽을 통하여 혈액과 공기 사이에서 진행된다. 조직 내에서는 혈액과 조직 간에서 기체교환이 진행되는데 이를 내호흡이라 한다. 내호흡은 조직의 신진대사, 즉 생명현상과 관계되므로 한순간이라도 정지되어서는 안 된다. 폐환기량을 증가시키려면 선무예를 하여 모든 폐포가 다 호흡에 참가하도록 해야 한다.

선무예 수련 시의 호흡은 횡격막과 배의 근육을 비교적 크게 수축시키며 동시에 흉부의 공기용적을 확대한다. 흡기(吸氣) 시에는 횡격막이 아래로 3~4㎝ 내려가는 데 흉곽의 용적을 1,000~1,200㎖로 증가시킬 수 있다. 보통 호흡(呼吸) 시에는 공기의 양이 500㎖밖에 안 되지만 힘껏 숨을 들이쉴 때에는 흉곽 내의 공기량이 3,500㎖까지 달한다. 그러므로 선무예 시에는 폐의 환기량을 5,000~7,000㎖로 늘릴 수 있다. 그러므로 선무예 수련 시에는 천천히, 가늘게, 깊게 하는 호흡을 하면 폐의 환기량을 증가시켜 더 많은 산소를 공급받으면서 많은 양의 탄산가스를 밖으로 내보내게 된다. 이리하여 신진대사를 항진시키고 몸을 건강하게 할 뿐만 아니라 기관지염, 기관지천식, 폐결핵 등 호흡기 계통의 만성질병을 치료할 수 있다.

이외에 선무예 수련은 호흡 운동을 통하여 혈액순환을 촉진하며 신진대사과정을 항진시킬 수 있다. 세포대사 산물은 임파관을 통하여 나간다. 임파액의 이동은 주로 평활근이 수축하는 압력에 의하여 진행된다. 선무예를 하면 임파액의 순환을 촉진시킬 수 있다. 때문에 선무예를 할 때 흔히 말초 모세혈관들이 충혈되는 것을 볼 수 있으며 따뜻한 감을 느끼게 된다. 그리고 혈액 내에 있는 백혈구, 적혈구, 헤모글로빈이 현저히 증가한다.

2. 생사관(生死觀)에 투철해야 한다

장수를 염원하는 것은 인간의 본능이라 할 수 있을 것이다. 《황제내경(皇帝內經)》 중 〈상고천진론(上古天眞論)〉에서는 인간이 태어나서 유년, 소년, 청년, 장년, 노년에 이르는 연령 단계의 생리적 변화를 상세히 논술하고 있으나, 마지막은 역시 죽음으로 끝난다는 것을 명시하고 있다. 고대인들은 이미 수천 년도 전에 명확한 생사관을 갖고 있었다. 장자(莊子)에 의하면 천지(天地)는 인간을 낳았으므로 최후에 또다시 인간을 거두어들이는 것이라고 말한다. 인생에 있어서 명확한 생사관을 갖는 것은 정말 중요한 것이다. 아무리 사치를 하거나 진수성찬을 먹어도 죽음은 피해 갈 수 없는 것이므로 살아 있는 한에는 올바른 생활습관을 갖고 심신수행을 하며, 건강하게 살아가는 것이 인생의 유일한 정도(正道)로 생각된다.

선술을 수련할 때에도 올바른 생사관은 빼놓을 수 없다. 그 이유는 다음과 같은 것이다. ① 입정(入靜) 시, 여러 가지 환각(幻覺)이나, 초능력 현상이 나타나는데 이것을 착각하여 불로불사(不老不死)를 추구하는 경향이 있다. ② 죽음을 두려워하는 사람은 마음이 평온하지 않기 때문에 수련(修鍊)을 행해도 입정에 들지 못하고, 무리하게 입정하면, 부작용이 나타난다. ③ 올바른 생사관을 확립하지 않으면 생활의 질(質)을 높일 수 없다.

3. 칠정육욕(七情六欲)을 조절해야 한다

칠정(七情)이란, 기쁨(喜), 노여움(怒), 근심(憂), 걱정(思), 슬픔(悲), 두려움(恐), 놀람(驚)을 가리킨다. 칠정과 육욕은 서로 뗄 수 없을 정도로 밀접한 관계에 있다. 일반적으로는 육욕을 탐하면 칠정이 쉽게 일어난다.

육욕(六欲)이란, 생(生), 사(死), 이(耳), 목(目), 구(口), 비(鼻)의 욕(欲)을 가리킨다. 고대인들은 소위 전생(全生)이란, 육욕에 적당히 대처한 결과라고 말하고 있다. 전생이란 건강하게 장수하는 것을 의미한다. 선무예 수련 시에도 윤리관을 높이고, 청정함과 평온함을 유지하고 흡족하게 즐길 줄 아는 마음을 지키는 것이야말로 선무예의 수준을 높이는 기본이다.

칠정육욕(七情六欲)은 일반적으로 잡념이라 말한다. 잡념은 상당히 없애기 힘든 것이므로 부단히 노력을 계속해야만 한다. 각 유파의 무예는 각각 독자적으로 잡념을 없애는 방법을 갖고 있다.

4. 이완법을 숙달해야 한다

인간은 강경을 사용하는 습관에 익숙해졌다. 이 강경을 해소하는 유일한 방법은 이완법을 습득하는 것이다. 하지만 오랜 세월에 걸쳐 형성된 강경 습관을 없애는 일은 좀처럼 쉬운 일이 아니다. 이것은 선무예를 수련하려 할 때 넘기 힘든 관문이다. 어느 단계에서는 이것을 중심으로 훈련해야 한다.

　온몸의 긴장(緊張)을 풀면 경락의 기(氣)의 운행이 원활히 행해지고, 내기(內氣) 혹은 내경(內勁)이 생긴다. 내기와 내경이 없으면 동작은 국부(局部) 근육의 힘밖에 사용할 수 없다. 이를테면, 선무예를 수련할 때, 몸을 이완시키는 일에 익숙하지 않으면 내기와 내경이 나오지 않으므로 손과 발의 국부의 힘밖에 사용할 수 없다. 이래서는 체조와 다를 바가 없으며, 건강 증진 효과도 적어진다.

5. 의식을 집중해야 한다

　수련 첫 조건은 의식을 집중하여 안정 상태에 들어가는 것이다. 그 입정의 표준은 잡념을 없애는 것이다. 즉 일념(一念)이 만념(万念)을 대신한다는 것이다. 도교 수련은 이것을 입정(入靜)이라 부르고, 불가에서는 입정(入定), 유가에서는 경좌(敬座), 혹은 망좌(座忘)라 부르고 있다.

　예를 들어서 입정 방법은 높은 소리, 낮은 소리, 또는 소리를 내지 않고 경문(經文)을 낭송하거나, 혹은 불교의 이치와 부처를 흉내 내어 묵상을 하거나 하여 잡념을 없앤다. 그 밖에 입정에 달하기 위해 즐거운 마음과 각종 욕망을 줄이고, 무아(無我)의 상태에 들어가는 것을 추구한다.

　입정은 잡념과의 싸움 과정을 거쳐야만 실현되는 것이므로 이것에는 반드시 의식적인 조정이 필요하다. 조정(調整)이라고는 하지만 너무 강제적으로 행해서는 안 된다. 일반적으로는 숙련 정도가 깊어 감에 따라 서서히 잡념을 제거할 수 있으며, 의념귀일(意念歸一) 단계가 되는 것이다. 수련은 1시간이나 2시간 정도의 연습으로는 부족하므로 일상적으로 가능한 한 마음을 편안히 갖고 욕망을 줄이고, 사념(邪念)을 없애야 한다.

　주의력을 한 지점에 집중시키는 것을 의수(意守)라고 한다. 의수가 강함은 중요하며, 그 정도는 무리하게 조장(助長)도 하지 않고, 붙어 있는 것 같지만, 실은 떨어져 있다는 것을 말하는 것이다.

　입정에는 놀랄 만한 효과가 있어, 건강 증진뿐만 아니라 지능을 높이는 데도 효과가 있다.

6. 호흡을 조절해야 한다

우리는 호흡할 때 폐 전체를 사용하지 않고, 일부의 폐포(肺胞)만 움직인다. 그 때문에 호흡하는 힘도 약하고, 폐(肺)가 충분히 신축되지 않아, 혈액도 완전히 정화시킬 수가 없다. 따라서 모르는 사이에 쉽게 병에 걸리는 것도 당연한 일일 것이다. 이와 같은 호흡 방법을 양생계에서는 후두호흡(喉頭呼吸) 혹은 정호흡(靜呼吸)이라 부른다.

각 유파에서는 예로부터 각각의 호흡법을 고안해 왔으나 그것들에는 다음과 같은 공통점이 있다.

(1) 조식(調息), 조심(調心), 조신(調身) 등 세 가지를 결합시켜야만 한다. 그렇지 않으면 어떤 호흡 방법으로도 호흡을 깊이 할 수가 없다. 이 세 가지가 서로 돕는 것이야말로 공법을 올바로 행하는 것이다.

(2) 초보자의 호흡근(呼吸筋)은 약하기 때문에 무리하게 힘을 넣어 호흡을 하면 호흡근이 피곤해져 버린다. 그렇게 되면 기력이 떨어지고 오히려 호흡이 약해져, 심한 경우에는 부작용이 나타나므로 처음에는 자연 호흡법을 선택하는 편이 좋을 것이다. 그리고 호흡근이 강해짐에 따라 서서히 호흡의 심도를 더하고, 다른 호흡법으로 바꾸어 이용하거나 지정된 호흡법을 이용하도록 한다.

(3) 선무예의 호흡은 항상 흡기(吸氣)를 짧게 하고, 호기(呼氣)를 길게 한다. 연구에 의하면 숨을 길게 내쉬면 선체(腺體)의 분비가 늘어, 위장의 연동(練動)이 강해지며 즉, 부교감신경(副交感神經)의 흥분이 높아진다.

(4) 어떤 정공(靜功)이라도 호흡을 제대로 조절할 수 있게 되었다는 징후는 전신의 모혈(毛穴)까지 호흡하고 있는 것 같은 쾌감을 얻을 수 있게 되었다는 것이다. 혹은 자기 자신이 부풀어 올라 천지와 연결된 것 같은 환상마저 나타난다.

(5) 입정하여 호흡을 조절하면 어느 시점에서 의지(意志)의 지배를 벗어난 것처럼 복근(腹筋)이 자동적으로 신축(伸縮)하는 경우가 있다. 이러한 때에는 당황하지 말고 그것을 조절하려 하지 말고, 그러한 현상이 전부 끝날 때까지 내버려두어도 상관없다.

7. 동정결합(動靜結合) 수련을 한다

수천 년 동안 학자들은 양생론에 관해 주동론(主動論)과 주정론(主靜論)의 논쟁을 계속해 왔다. 예를 들어, 주정론자인 회남자(淮南子)는 가장 중요한 것은 양신(養神)이며, 그다음은 양형(養形: 신체)이라고 말한다. 또한 송대(宋代)의 유가(儒家)인 주희(朱熹)는 전염병에 전염되는지 아닌지는 마음이 올바른지 아닌지에 의해 결정된다고 말했다.

이와는 반대로 중국 춘추시대의 주동론자는 흐르는 물은 썩지 않으며 호추(戶樞)에는 벌레가 끼지 않는다고 말하고 있다. 즉 항상 운동하고 있기 때문에 썩지 않는 것이며, 벌레도 먹지 않는다는 뜻으로 항상 운동하고 있지 않으면 정(精)이 흐르지 않고 막혀 버린다는 뜻을 의미하는 것이다. 한대(漢代)의 명의(名醫)인 화타(華佗)는 이 이론에 기초하여 오금희(五禽戲)라고 하는 동정공법(動靜功法)을 창안했다. 수년 전 장사시(長沙市) 교외에서 출토된 마왕퇴삼호한묘(馬王堆三號漢墓)의 비단화(錦畵)인 도인도(導引圖)의 다종, 다양한 동작에서도 진한(秦漢)시대에 이미 정리된 건강법이 행해지고 있었다는 것을 엿볼 수 있다.

이상과 같은 논의 결과, 동정(動靜) 모두를 행하는 것이야말로 건강하게 장수할 수 있는 길이라는 의견의 일치를 보았다. 예를 들어, 달마화상(達磨和尙)은 승려들이 좌선만 하기 때문에 몸이 약해 닭조차 잡을 수 없을 정도로 체력이 약한 것을 보고 역근경(易筋經)이라는 동정공법을 고안해 냈다. 고금(古今)의 연구라든가, 경험에서 여실히 나타나고 있는 것처럼 동정(動靜)은 함께 단련해야만 한다.

# 제 5 장

선술(仙術) 공법

1. 풍류도인법(風流導引法)

1) 풍류도인법의 특성

풍류도인법(風流導引法)은 한국의 풍류(風流) 사상을 그 원리로 하여 개발한 공법이다. 풍류도인법은 준비 자세와 정리자세 그리고 8개의 본동작으로 구성되어 있다. 풍류도인법은 그 명칭에서 시사(示唆)하는 바와 같이 한국 민족의 선비들의 멋스러운 생활동작, 즉 풍류(風流)를 형상화하여 동작을 구성하였다. 풍류도인법의 특성은 다음과 같다.

(1) 좌식(坐式) 수련법

무릇 동양의 전통 수련법의 자세는 누워서 하는 와식(臥式), 앉아서 하는 좌식(坐式), 그리고 서서하는 입식(立式)의 세 가지가 대표적인 수련 자세이다. 누워서 하는 자세는 척추(脊椎)를 중심으로 한 심신(心身)의 이완(弛緩)을 목적으로 하는 수련이 대부분이며, 경우에 따라 척추측만증 등 교정의 치유 방법으로도 활용한다. 대표적 공법으로는 요가의 송장 자세가 있다. 서서 하는 수련의 기본자세는 입식(立式)이 대표적이다. 흔히 기마(騎馬) 자세, 또는 마보세(馬步勢)라고 하는데, 동양에서 서서하는 모든 움직임의 기본이 되는 자세다. 앉은 자세는 정적(靜的) 수련에서 가장 많이 하는 자세(姿勢)다. 특히 명상(瞑想) 수련과 도교(道敎)의 내단(內丹) 수련에서 취하는 자세가 주로 좌식(坐式)이다. 의자가 보편적인 생활로 되어 있는 경우 골반의 교정과 이완(弛緩)에 효과가 크다. 앉아 있는 불상(佛像)의 자세가 대표적이다.

풍류도인법은 앉아서 하는 자세를 취하기 때문에 바로 앉아 수련함으로써 척추를 중심으로 이루어지는 상체가 바르게 펴지며, 일상생활에서 틀어지고 쏠린 자세가 교정(矯正)되고 치유되는 효과가 있다. 그러나 꼭 앉는 자세만을 고집할 것이 아니고 수련의 환경에 따라, 의자에 앉아 할 수 있으며, 서서도 누워서도 할 수 있는 수련법이다.

(2) 좌우대칭(左右對稱)의 움직임

수련의 모든 움직임의 구성이 좌우대칭(左右對稱)으로 되어 있어, 척추의 틀어짐과 팔의 움직임으로 좌우(左右)를 고루 움직여 줌으로 자세가 교정되고 좌우 움직임의 기능이 안정적으로, 균형적으로 발전되고 개선되는 특징을 갖는다.

(3) 동식결합(動息結合)의 수련법

동식결합(動息結合)은 동작과 호흡을 결합하라는 의미다. 동작에 호흡을 결합하라는 것은 움직임의 시작부터 움직임이 마칠 때까지 호흡이 끊어지지 않아야 한다. 동작에 따라 고르게 들이마시고, 또 동작에 따라 가늘고 길게 내쉬어야 한다. 준비자세에서 8개의 본동작과 마지막 정리자세까지 신체의 움직임에 따라 호흡(呼吸)이 끊이지 않는 수련법이다. 모든 동작은 마시고 내쉬는 호흡에 맞도록 이루어져 있다. 따라서 수련자는 자기의 호흡 능력에 맞추어 수련해야 한다. 풍류도인법은 호흡 수련을 겸해서 하기 때문에 생명의 두 가지 현상 중의 하나인 호흡 능력의 개선과 강화를 가져와 근원적인 생명력을 강화하는 목적을 이룰 수 있는 수련법이다.

(4) 의형결합(意形結合)의 수련법

의형결합(意形結合)은 동작과 의식(意識)을 결합하라는 것이다. 동작 중에 그 동작이 무엇을 목적으로 하고 어느 부위에 집중을 해야 하며, 어떻게 해야 최선의 효과를 걷을 수 있는지를 생각하면서 수련해야 되는 것을 말한다. 만약 동작을 행함에 있어 의식(意識)이 결합되어 있지 않으면 그것은 살아 있는 몸의 수련이 아니고 물질적인 기계의 움직임과 다를 것이 없다. 동양의 전통 수련법이 서양의 체육에 대하여 우수한 것은 단지 움직임에 중점을 두지 않고, 움직임과 호흡(呼吸)과 의식(意識)을 함께 수련한다는 것이다. 서양의 물질과 정신의 이분법적 사상에 의해 운동은 단지 물질적인 신체의 기능을 높이는 것으로 발전되어, 근육이 커지고 기능이 향상되는 효과 면에서 물질적이고 양적(量的)인 발전을 이룩한 것은 사실이지만, 운동을 통한 부작용과 인간의 심성을 정화시키는 효과에 대하여는 동양에 비하여 떨어지는 것이 주지의 사실이다.

풍류도인법의 기본적인 의식(意識)은 풍류의 마음을 갖는 것이다. 선비들의 멋스럽고 참된 생활을 형상화하여 창안한 수련법이기 때문에 수련 중에 끊임없이 이러한 의식을 가져야 하는 특성이 있다. 따라서 항상 즐거움과 긍정(肯定)심을 유지하며 수련해야 마땅하다. 또 움직임에 따라 신체 구조적(構造的), 역학적(力學的), 경락(經絡)학적, 정기신(精氣神)론적 의식을 함께함으로써 매 동작마다의 효과를 높일 수 있는 수련법이다.

2) 동작별 행법(行法)

(1) 준비자세(起勢)

① 정좌(靜坐)한다.
② 양손을 하단전에 포갠다(남자는 왼손, 여자는 오른손이 아래).
③ 양팔을 서서히 몸과 지면의 45도 정도가 되도록 옆으로 벌린다.

가. 손등이 전면을 향하도록 한다.

　　나. 호흡은 손이 벌려지는 각도와 병행하여 들이마신다.

　　다. 엄지와 새끼손가락에 약간 힘을 주듯이 하고, 하단전-회음-장강-척추-백회-은교-전중-중부로 운기(運氣)하여 중단전에 기(氣)를 모은다고 의념한다.

④ 손을 틀어 양 손바닥이 마주 보게 하고 서서히 단전 앞으로 모으되 하단전 앞에서 양손을 다시 하단전에 포개어 놓는다.

　　가. 손이 움직이는 속도와 병행하여 숨을 내쉰다(가늘고 길게).

　　나. 양 노궁이 마주 보게 한다.

　　다. 전중-중부-노궁으로 운기(運氣)하여 노궁에 기(氣)가 모인다고 의념한다.

⑤ 위와 같이 반복하여 하단전에서 노궁(勞宮)으로 기(氣)를 운행한다.

(2) 묵념구호

고요하고 적막한 산중 바위에 홀로 앉아
동작은 부드럽게 호흡은 천천히 의념은 단전에
선무예 수련으로 선학 되어 창공을 날으리라

제1식 기(氣)로 꽃 피워 하늘에 올리기

1) 준비자세의 끝에서 양손을 하단전 앞에서 손등이 가볍게 마주 붙여서 손끝이 아래를 향한 자세로 서서히 가슴 앞으로 들어 올린다. 호흡은 손의 올라가는 속도에 맞추어 들이마신다. 이때 가슴에서 노궁으로 기가 움직인다고 의념한다.

2) 가슴 앞에서 손등을 마주 댄 양손 끝이 몸 안쪽에서 몸 밖을 향하도록 양 손목을 부드럽게 돌려서 가슴 앞에서 양 손바닥의 새끼손가락이 가볍게 붙은 채 손 끝이 앞을 향하도록 수평이 되도록 한다. 다시 그 위치에서 양손을 각각 밖으로 돌려 엄지손가락과 둘째손가락의 끝을 붙인다. 이때 엄지와 검지 사이에 삼각형의 공간이 형성되게 한다. 손이 움직이는 속도에 맞춰 숨을 내쉰다. 동작을 취하면서 손으로 흐르는 6개의 경락에 기(氣)가

유통되어 마치 한 송이의 아름다운 꽃을 피운다고 의념한다.

3) 그대로 손바닥이 하늘을 향하도록 머리 위로 쭉 뻗어 올린다. 손의 올라가는 정도에 따라 숨을 들이마신다. 전 동작에서 의념으로 만들어진 꽃을 정성스럽게 하늘로 올린다고 생각하며 가슴에서 손끝으로 기(氣)가 흐른다고 의념한다. 팔을 최대한 밀어 올린 상태에서 4~5초 정도 숨을 멈추고 단전을 강하게 의식하며 힘을 준다.

4) 양팔의 긴장을 풀며 천천히 몸의 측면으로 크게 원을 그리며 내린다. 팔의 내려가는 정도에 따라 숨을 내쉰다. 이때 가슴에서 끌어 올렸던 기(氣)를 단전으로 내린다고 의념한다.

5) 양손을 하단전에 모은다. 이 동작을 4회 한다. 공법을 행할 때 얼굴에는 미소를 띠며 이 동작은 선비가 멋스러움과 함께 공부에 지친 몸에 활력을 불어넣는 것이다.

제2식 선비 도포자락 날리며 좌우 바라보기

1) 전 동작의 4번째 동작에서 머리에서 양팔을 측면으로 내릴 때 양팔이 어깨 높이에 내려 왔을 때 오른손 바닥으로 마치 불어오는 바람을 만지듯이 서서히 왼쪽으로 몸통과 함께 틀어 준다. 동시에 왼손은 천천히 손등을 명문(命門)혈에 갖다 붙인다. 움직임과 맞추어 숨을 들이마신다. 좌우 양손의 노궁혈에 기감(氣感)을 느껴 노궁으로 기의 유통을 느껴 야 한다. 몸통을 틀어 줄 때 척추 24마디가 골고루 틀어진다고 의념하고 실제로 모든 척 추가 골고루 틀어지도록 몸통을 틀어 주어야 한다.

2) 몸통과 팔이 좌측으로 최대한 틀어진 상태에서 1~2초 정도 숨을 참고 자세를 유지한다. 틀어진 척추를 의념한다.

3) 천천히 팔과 척추의 긴장을 풀며 오른 손바닥이 몸 쪽을 향하고 손끝이 좌측 밖을 향한 자세로 서서히 가슴 앞으로 가져온다. 몸의 움직이는 정도와 맞추어 숨을 내쉰다. 긴장했던 척추가 편안해지고 시원함을 느낀다.

4) 오른손이 가슴 앞에 오면 명문에 붙였던 왼손을 좌측 어깨 높이로 들어 올리고 천천히 오른쪽으로 1)번과 같이 몸통과 함께 틀어 준다. 오른손을 반대로 서서히 명문에 손등을 붙인다. 숨은 움직임과 맞추어 들이마시고 의념도 1)번과 같다.

5) 좌우 각 2회씩 한다. 이 동작은 선비가 불어오는 바람을 도포자락을 휘날리며 바람의 부드러움을 손바닥의 노궁혈을 통하여 느낀다고 생각하며 멋스럽게 한다.

1997년 5월 국립무용단 풍류도인법 수련 모습

제3식 선비 보름달 굴리기

1) 전 동작의 끝에서 양팔을 가슴 높이에서 어깨 넓이로 겨드랑이를 약간 떨어뜨리고 양팔의 팔꿈치는 60도 정도로 굽혀 마치 양손바닥 노궁(勞宮)혈이 기(氣)를 교류하는 자세를 취한다. 호흡은 전 동작에서 이어받아 내쉬는 숨이다.

2) 천천히 양손 사이에 마치 보름달이 있는 것같이 의념하고 오른손은 하단전 방향으로 왼손은 가슴 방향으로 사이에 있는 보름달을 굴리듯이 움직여 왼손은 하단전 10㎝ 앞에, 오른손은 중단전 10㎝ 앞에서 멈춘다. 이때 들이마시는 숨이다. 양손의 노궁혈에서는 계속해서 기(氣) 교류가 이루어지도록 한다.

3) 이어서 왼손을 천천히 몸통의 좌측을 향하여 손바닥이 위를 향하고 몸통도 같이 틀어 주며 90도 회전하는데 그 높이는 어깨를 넘지 않으며, 오른손은 왼손 팔꿈치 반대쪽에 손가락 부분을 살짝 얹어 놓은 것같이 하며 시선은 왼손 노궁혈을 따라간다. 이때 움직임과 같이 하여 숨을 내쉰다.

4) 천천히 왼팔은 가슴 쪽으로, 오른팔은 좌측으로 손바닥을 마주하여 계속 노궁혈로 기를 교류하며 양손이 각자 가슴과 하단전 사이에서 원을 그리고 오른손은 하단전 왼손은 중단전 앞에 위치하도록 들이마시는 숨과 함께 한다. 이때 양손은 2)번과 상하가 바뀐 위치이며, 역시 양손 사이에 보름달을 굴리듯 부드럽고 천천히 한다.

5) 이어서 우측으로 3)번과 같이 한다. 전체적으로 좌우 각 2회 한다.

제4식 태산 밀어 기(氣) 채취하기

1) 제3식의 마지막에서 양손의 위치가 하단전과 중단전에 위치하지 않고 양손이 가슴 높이에서 가슴을 사이에 두고 마주 보게 하고, 숨을 내쉬면서 양손을 각각 양발의 허벅지 위에 살짝 얹어 놓되 양손 엄지와 둘째손가락의 소상(少商)혈과 상양(商陽)혈을 붙여서 주먹을 쥔다.

2) 주먹 쥔 양손을 숨을 들이마시면서 천천히 몸통에 붙이는 듯 가슴 높이까지 끌어 올린다.

3) 양손을 전방을 향하여 뻗어 주는데 주먹은 서서히 펴서 장심(掌心)의 노궁에서 기(氣)를 발출하여 마치 앞에 잇는 태산을 내쉬는 숨과 함께 밀어내듯이 한다. 이때 뻗은 팔은 직

선이 되지 않도록 주의한다.

4) 양손을 각각 밖의 방향으로 원을 그리며 마치 손바닥을 오목하게 하여 기(氣)를 담는다고 의념하며 부드럽고 천천히 한다. 숨은 들이마신다.

5) 손바닥에 모인 기(氣)를 팔과 몸통의 양경(陽經)을 통해 단전으로 회수한다고 의념하며, 천천히 1)번과 같이 주먹을 쥐면서 양발의 허벅지로 가져오며, 숨은 내쉰다.

6) 전체적으로 4회를 반복하며 기(氣)를 밀어내고 회수할 때 수련의 숙련도에 따라 운기(運氣)가 이루어지도록 강하게 의념을 한다.

제5식 얼굴 밀어 돌려 매화꽃 보기

1) 전 동작의 마지막 자세에서 숨을 들이마시며 양팔, 양손을 준비 자세와 같은 요령으로 옆으로 천천히 벌린다.

2) 천천히 내쉬는 숨과 함께 얼굴과 몸통을 왼쪽으로 틀어 주면서 동시에 오른손 바닥으로 오른 뺨을 밀어 겉이 움직인다. 이때 가운데 손가락 끝 부분만 예풍(翳風)혈에 살짝 대고 손바닥은 뺨에 붙이는 것같이 가까이 댄다.

또 동시에 왼손은 등 뒤의 명문(命門)혈에 손등이 닿도록 갖다 댄다. 이 동작은 척추를 바로 세운 상태에서 척추 마디마디가 틀어지게 하되 경추 부분은 좀 더 강하게 틀어 준다. 좌측으로 완전히 틀어 준 상태에서 4~5초 머무른다. 이때 숨도 머무른다.

3) 양팔을 좌우로 첫 동작과 같이 벌린다. 이때 숨은 동작의 속도에 맞추어 들이마신다.

4) 2)번의 동작을 반대 방향으로 같은 요령으로 한다.

5) 전체 좌우 2번씩 해 준다.

제6식 허공에 붓글씨 쓰기

1) 전 동작 마지막 자세인 양팔을 옆으로 벌린 상태에서 숨을 내쉬며 양손을 하단전 앞에 손끝이 마주 보고, 손바닥이 위를 향하도록 내린다.

2) 오른 손목을 손끝이 몸 안쪽으로 180도 회전한 후 손바닥이 위를 향한 자세를 유지하여 좌측 어깨 쪽으로 대각선을 그리며 끌어 올린 후 다시 머리 위에서 오른쪽으로 원을 그린다. 동작의 속도에 따라 숨을 마신다. 이때 붓으로 허공에 글씨를 쓴다고 의념을 하여 정성과 동작의 부드러움을 추구한다.

3) 계속해서 내쉬는 숨으로 바꾸고 오른팔을 몸통 우측으로 붓으로 마무리 획을 내려 돌려

긋듯이 원을 그리며 출발했던 곳으로 원위치 한다.

4) 왼손으로 같은 요령으로 동작을 행한다.

5) 좌우 각 2회씩 한다. 이 동작은 선비가 붓으로 크게 글씨를 쓰는 자세로 정성과 멋이 어우러져야 한다. 들이마시고 내쉬는 호흡을 함께하면 동작의 부드러움이 유지된다.

제7식 선비 뱃놀이하기

1) 전 동작의 마지막 자세에서 숨을 들이마시며 준비 자세와 같이 양팔을 옆으로 천천히 벌린다.

2) 손목을 뒤집어 양 손바닥을 마주 보며 전방으로 움직이는데 몸통 너비에 이르러 손바닥이 위를 향하도록 하고 서서히 주먹을 쥐며 양 허리에 살며시 갖다 붙인다. 이때 동작과 맞추어 내쉬는 숨, 그리고 소상(少商)혈과 상양(商陽)혈이 닿도록 주먹을 쥔다.

3) 양팔을 몸통 옆으로 벌리며 들이마시는 숨과 함께 천천히 양팔을 손바닥이 위로 향하게 머리를 향해 들어 올려 양팔을 쭉 뻗어 머리 위에서 양 손바닥이 마주 닿게 한다.

4) 양 손바닥을 마주 붙인 자세로 내쉬는 숨과 함께 천천히 가슴 앞으로 내린다.

5) 가슴 앞에서 양손 소상(少商)혈과 상양(商陽)혈을 붙이는 주먹을 쥐며 들이마시는 숨과 함께 양 허리에 살짝 붙인다.

6) 몸통을 좌측으로 45도 틀며 양 손바닥을 앞을 향하도록 90도 꺾어 마치 노를 젓듯이 앞으로 밀어 준다. 이때 밀어 주는 동작과 내쉬는 숨을 같이 한다.

7) 꺾은 손목의 긴장을 풀며 마시는 숨과 함께 틀어 준 몸통을 원위치 하며, 양팔을 전방으로 뻗은 채 몸통 전방으로 옮긴다. 이때 양팔은 마치 파도를 타듯이 부드럽게 리듬을 타도록 한다.

8) 다시 소상혈과 상양혈을 붙이는 주먹을 쥐어 양 허리에 갖다 붙이는데, 주먹 쥐는 속도와 허리로 가는 속도를 같이 하며, 계속 숨을 마신다.

9) 다시 방향을 바꾸어 우측으로 반복한다.

10) 좌우 각 2회씩 한다. 손을 머리 위로 올릴 때는 척추 24마디가 골고루 펴질 수 있도록 하며, 가슴으로 내릴 때는 양손 노궁(勞宮)혈에 기(氣)를 모은다고 의념을 하고, 이 동작은 심신(心身)의 긴장(緊張)과 이완(弛緩)을 번갈아 반복함으로 운기(運氣)가 되는 효과가 있다.

제8식 거울 보고 상투 고치기

1) 천천히 몸통을 좌측으로 틀어 준다. 몸통이 틀어지는 각도와 맞추어 우측 팔 손목을 세워 허리로부터 왼쪽 어깨 방향으로 밀어내듯 뻗어 준다. 이때 동작과 함께 숨을 내쉰다. 시선은 밀어내어 뻗어 주는 손등을 응시한다.

2) 손목의 긴장을 풀고 숨을 들이마시며 우축 손바닥으로 머리 좌측-정수리-우측을 마치 상투를 고쳐 매는 것 같이 쓸어 넘긴다. 이때 좌측으로 틀었던 몸통은 원위치로 돌아온다.

3) 다시 팔의 방향을 틀어 우측 어깨 높이에서 밖으로 밀어내듯 뻗어 준다. 이때 몸통을 다시 오른쪽으로 틀어 주며, 내쉬는 숨과 함께 한다. 시선은 밀어내어 뻗어 주는 손등을 응

시한다.

4) 손목의 긴장을 풀고 손바닥이 위를 향하도록 방향을 바꾸고 숨을 들이마시며 소상(少商)혈과 상양(商陽)혈을 붙인 주먹을 쥐어 허리에 살짝 붙인다.

5) 손을 바꾸어 반대 방향으로 같은 요령으로 한다.

6) 좌우 각 2회씩 한다. 이 동작은 몸통을 좌우로 틀며 노궁(勞宮)으로 기(氣)를 내보내듯 운기(運氣)하며 동작과 호흡이 함께 하도록 수련한다.

정리자세(收勢)

1) 양 주먹을 허리에 댄 채 숨을 내쉰다. 주먹을 쥔 양손을 풀며 준비자세와 같이 숨을 들이 마시며 양팔을 손등이 전면을 향하도록 옆으로 쭉 벌려 준다.

2) 숨을 내쉬면서 양 손바닥을 뒤집어 양팔을 움직여 두 손의 가운데 손가락이 마주 닿을 듯 하단전을 5㎝ 간격을 두고 덮듯이 감싼다.

3) 3회 반복하고 마지막에는 양 손바닥을 하단전에 포개어 놓고 수련으로 형성된 진기(眞氣)를 단전에 모은다고 의념을 한다.

3) 풍류도인법의 효과

풍류도인법은 양생(養生)과 도인(導引)을 목표로 하고 있다. 양생(養生)이란 무병장수(無病長壽)이다. 도인(導引)은 바른 움직임을 말한다. 바른 움직임이란 무술(武術)의 지극한 기본적인 움직임의 원리를 의미한다. 결국 풍류도인법은 양생(養生), 건강의 입장에서 무병장수(無病長壽), 무술(武術)에 있어서는 바른 움직임으로 무도(武道)의 원리에 부합하는 방법론이라고 할 수 있다. 본 도인법의 수련은 앉은 자세를 취한다. 다시 말해서 정좌(靜坐), 고요하게 바로 앉아 있는 자세를 말한다. 그리고 동작에 따라 동작이 상징하는 의식을 하며, 호흡(呼吸)과 함께 한다. 준비와 정리자세를 제외한 8동작 중에서 5동작이 몸통을 좌우로 틀어 준다. 각 동작은 우리나라 선비의 일상생활의 여러 가지를 상징하도록 만들어졌다. 이러한 여러 가지 특징을 분석하여 전체적으로 다음과 같이 양생학적 효과가 있다고 판단된다.

(1) 바로 앉는 자세의 수련 효과

현대인들의 많은 부분이 의자 생활이다. 예전에는 육체적인 노동 후에 편히 앉아서 쉬었지만 지금은 의자나 소파 등 앉는 생활 기구를 사용한다. 이는 앉는 자세가 건강에 매우 중요한 영향을 미칠 수 있다고 할 수 있다. 하루 종일 의자에서 생활하는 학생이나 사무직 종사자들은 말할 것도 없다. 많은 의자 생활의 자세가 잘못되면 건강에 악영향을 준다. 척추를 바로 세우지 못하고 자세를 흐트러지게 하여 척추 측만증이나 전만증에 노출되기 쉬우며, 허리가 약하여 오래 앉지 못하고 좌골신경통 등의 질환에 시달리게 된다.

풍류도인법은 바르게 앉은 자세로 수련하기 때문에 수련을 통하여 허리를 바로 세우며 척추가 틀어졌거나 약화된 것을 교정해 주는 효과가 있다. 그리고 상당 부분의 동작이 허리를 좌우로 틀어 주기 때문에 척추 마디마디를 운동시켜 주고 그 기능이 강화된다. 많이 앉아서 생활하는 학생이나, 사무직 종사자들에게 좋은 운동법이다.

(2) 척추를 바르게 펴 주고 기능을 강화한다

모든 동작이 바르게 앉아서 해야 하기 때문에 척추가 강화되는 효과가 있다. 첫 번째 동작과 일곱 번째 동작은 두 팔을 머리 위로 쭉 펴주어 꼬리뼈부터 1번 경추까지 24마디의 척추를 펴주고 늘려 주는 효과가 있다. 이 동작을 통하여 척추의 틀어짐이나 쏠림 현상이 교정되는 효과가 있다. 그리고 여덟 동작 중에서 다섯 동작이 몸통을 좌우로 틀어 주고 특히 다섯 번째 동작은 경추를 중점적으로 틀어 주기 때문에 현대인들에게 많은 목의 질환을 개선하고 강화하는 효과가 있다. 몸통을 바르게 펴서 좌우로 틀어 주는 것은 척추와 척추 사이를 운동시켜 연골 부분과 추간판을 강화하여 디스크 등의 질환을 예방하고 개선하는 효과가 있다.

(3) 호흡이 깊어지고 질이 향상된다

호흡은 심박동과 더불어 생명의 두 가지 현상 중의 하나다. 심박동은 일생을 통하여 전부 자율신경의 조절을 받아 의식적으로 조절할 수 없는 생명 현상이지만 호흡은 물론 자율신경의 조절도 받지만 의식적으로 조절이 가능하다. 그래서 동양에서는 전통적으로 단전호흡이라는 명칭으로 호흡에 대한 수련이 일찍부터 개발되어 다양한 수련법이 있다. 동양의 전통 체육이 서양의 체육과 가장 크게 차별화되는 것이 모든 동작에 의식적으로 호흡을 동반한다는 것이다. 물론 서양 체육에서도 호흡은 하지만 동양과 같이 의식적으로 동반하지 않는다. 풍류도인법에서는 준비 자세부터 정리자세에 이르기까지 모든 동작에 호흡과 함께 하도록 되어 있다. 이 도인법을 장기간에 걸쳐서 수련하면 호흡의 질이 높아지는 것은 당연한 결과일 것이다.

조선 중기에 《용호비결(龍虎秘訣)》이라는 독특한 호흡 수련 방법론에 대한 책을 쓴 정렴(鄭𤀋)은 호흡하는 방법에 대하여 입식(入息)은 면면(綿綿)이요, 출식(出息)은 미미(微微)라고 하였다. 들이마시는 숨은 길이에 목적을 두는 것이 아니고 고르게 마치 실처럼 들이마시라고 하였다. 내쉬는 숨은 시간과 양에 치중하여 가늘고 길게 하라고 하였다(이현수, 2006). 이 말을 다시 해석하면 들이마시는 숨에는 욕심을 제하고 다만 고르게 하라고 하였고 내쉬는 숨은 욕심을 부려 길게 가늘게 해도 괜찮다는 의미가 된다. 현대의학에서 밝힌 바는 들이마시는 숨과 참는 숨을 무리하게 할 경우에는 혈압이 상승하고 심한 경우에는 뇌세포의 괴사까지 일어난다고 하고 있다. 정렴 선생은 이러한 생리적 현상을 미리 감안하시고 우리들에게 좋은 가르침을 남긴 것이다. 그러나 내쉬는 숨은 다소 무리하게 욕심이 게재되어도 큰 부작용이 없다. 따라서 풍류도인법의 호흡에서도 들이마시는 숨은 무리하지 않게 골고루 마시며, 내쉬는 숨은 다소 길게 수련하므로 호흡의 질을 무리하지 않고 높일 수 있다. 호흡의 질이 높아진다는 것은 곧 생명의 질이 높아지는 것을 의미한다.

(4) 이지대침(以指對針)과 경락 자극 효과

이지대침(以指對針)이란 손가락으로 침(針)을 대신하라는 의미이다(박현옥, 2003). 손가락으로 마치 침을 놓듯이 하라는 것이다. 풍류도인법에서는 여러 곳에 이러한 방법이 설정되어 있다. 대표적인 경우가 5번째 동작에서 가운데 손가락으로 예풍(翳風)혈을 자극하는 것이다. 예풍혈은 귀 밑에 있는 경혈로 삼초(三焦) 경락에 속한다. 안면신경통, 귀의 질환 그리고 하체의 통증에 효과가 있는 경혈이다. 다음은 2번째와 5번째 동작에서 명문(命門)혈에 손을 대는 것과 4번째와 7번째 동작에서 소상(少商)혈과 상양(商陽)혈을 붙여서 역시 이지대침(以指對針)의 효과가 있도록 하였다. 명문(命門)혈은 허리의 중심이 되는 매우 중요한 경혈로 문자적으로도 목숨이 드나드는 문으로 표현하고 있다. 소상(少商)혈과 상양(商陽)혈은 각각 폐경(肺經)과 대장경(大腸經)이 끝나고 시작되는 경혈(經穴)로 폐와 대장의 기능을 담당하고 있는 경락의 주요 경혈이다. 동작 전체가 몸통과 팔을 주로 움직이는데 이는 팔로 흐르는 여섯 개의 경락을 자극하는 한의학적 효과가 있다.

(5) 심리적(心理的) 효과

풍류도인법은 선비의 일상생활을 상징화하였다. 꽃을 피워 올리며 매화를 바라보며, 도포자락을 날리며, 보름달을 굴리며 놀고, 태산을 밀어 용력을 쓰며, 허공에 붓글씨를 쓰고, 뱃놀이를 하고, 행동을 정리하고 상투를 바로 고쳐 맨다. 실제 수련할 때도 이러한 선비의 마음과 정신으로 지덕체(智德體)를 갖춘다고 생각하여 정서(情緒)를 즐겁고 의(義)롭게 하여 멋을 아는 선비의 풍류(風流)를 배우게 한다. 이 수련을 통하여 한국적인 선비의 정신과 멋을 기를 수 있다.

(6) 무도의 정리 운동과 호흡 수련에 효과

무도(武道)는 다툼을 그치는 근원적 인간의 도리다. 무도는 수련을 통하여 심신이 바르게 되고 강화되어 사회적 인간의 완성을 목표로 한다. 이제까지의 무도는 그 수련방법론에 있어서 생체·생리역학적으로 체계적인 것을 등한히해 온 것이 사실이다. 모든 몸의 움직임은 그 기초가 바르고 단단해야 한다. 그런 의미에서 무도에 있어서 호흡은 대단히 중요한 요소이다.

풍류도인법은 호흡의 수련에 매우 유익하게 개발되었다. 모든 움직임에서 호흡이 기본적으로 중요하지만 특히 무도에 있어서 호흡의 중요성은 절대적이라고 할 수 있다. 상대를 제압하는 기술은 기(氣)를 운용하고 모아서 발출하는 순간적인 임팩트에 있다. 이러한 기(氣) 운용에 호흡은 절대적이다. 그리고 무도의 수련을 마친 후에 모든 기운을 단전에 저장, 갈무리하는 정리 수련은 반드시 필요한 것이다. 풍류도인법은 무예(武藝)에 기초적이고 필수적인 수련법이라고 할 수 있다.

2. 환단법(還丹法)

1) 환단법의 특성

환단법은 허준 선생의《동의보감》에 나타나는 환단내련법과 같이 잃어버린 단(丹: 元氣)을 찾는 데에 그 목적이 있다. 先天之 진기는 수련에 의하여 정(精)이 기화(氣化)한 것을 말한다. 환단법은 동작 하나하나에 공을 들여 천천히 행하므로 내기(內氣)가 형성되고, 전 경락, 특히 족태양방광경(足太陽膀胱經)을 비롯한 족(足)의 경락과 양기(陽氣)를 통솔하는 독맥(督脈)을 강하게 자극함으로 인해서 생명의 근원적인 기(氣)를 강하고 활성화한다. 따라서 환단법을 장시간 수련할 경우 정력(精力)이 충만해지고 노화(老化)를 다스리며 하체의 근력을 향상시키고, 생식기 계통의 질병을 치유하는 효과가 있다.

1997년 5월 국립무용단 선무예 수련 모습

2) 공법의 특징 및 수련 주의 사항

(1) 다리의 양(陽) 경락을 주로 자극하여 인체의 근원적인 생명력인 진기(眞氣)를 만들어 활력 있는 생명활동을 이루며 선천(先天)의 원기를 보충하여 근원적인 성(性)과 명(命)의 기능을 보충하는 경락(經絡) 운동이다.

(2) 동작의 승강(昇降), 개합(開闔), 굴신(屈伸)에 호흡과 의념을 함께 수련함으로써 몸의 쏠림과 틀어짐이 교정되며 그 기능이 강화된다.

(3) 특히 노화(老化)의 기(氣)를 담당하는 방광(膀胱) 경락과 위경(胃經)을 자극하여 노화(老化)의 지연과 생활의 근원적 기운인 정력(精力)의 상승효과가 뛰어나다.

(4) 동작의 대부분이 깊이 앉고 일어나며, 깊이 숙이고 펴기 때문에 몸의 큰 관절과 고관절, 그리고 척추의 기능을 활성화하고 틀어짐과 쏠림의 교정효과가 뛰어나다.

(5) 동작의 대부분이 신체의 깊은 유연(柔軟)성을 요구하기 때문에 심신의 균형과 기능이 부족한 초보자가 하기에 힘든 편이나 무리하지 않고 꾸준하게 하여 몸의 유연성을 높이는 목표를 갖고 3개월 정도 수련하면 개선(改善)과 교정(矯正)의 성취를 이룰 수 있다.

(6) 동작 중 앉거나 늘이거나 숙이거나 등의 깊은 유연(柔軟)도를 요구하는 자세를 취할 경우에는, 그 자세의 시작부터 최대의 자세를 잡을 때까지 강한 의념과 아주 천천히 내쉬는 호흡과 함께 수련하여 수련의 효과를 최대한 높이고 호흡의 질이 함께 개선되도록 수련하여야 한다.

(7) 일정 기간 수련하면 진기(眞氣)가 발생되고 원기(元氣)가 보충되어 정력(精力)이 충만해져서 이성(異性)과의 성(性)관계가 문란해지는 유혹에서 벗어나 수련으로 형성된 진기(眞氣)와 원기(元氣)는 가정과 사회와 나라를 위하는 더 가치(價値)가 높은 데 사용하도록 노력한다.

(8) 수련 전에는 적당한 준비운동으로 몸을 이완한 후에 본 수련에 들어간다. 특히 이른 아침에 준비운동이 없이 수련하면 오히려 근골(筋骨)에 무리를 줄 수 있으므로 주의하여야 한다.

(9) 각 동작은 좌우 2회 4회, 또는 왕복이 없는 동작은 4회 하는 것이 기본이다. 자기의 몸상태에 따라 특정한 동작에 횟수를 늘려 수련할 수 있으나, 기본 횟수를 줄이지는 않는다.

(10) 각 공법을 수련할 때는 조신, 조식, 조심의 삼조법과 경락을 의식하며 고요 속에서 행하여야 한다.

3) 공법 시 구호와 순서

(1) 묵념구호

고요하고 적막한 산중 바위에 홀로 앉아
동작은 부드럽게 호흡은 천천히 의념은 단전에
선무예 수련으로 선학 되어 창공을 날으리라

(2) 환단법 순서

제1식 풍차 돌리기

제2식 옷소매 날리기

제3식 나무 끌어안기(지구 들어 올리기)

제4식 물속 들여다보기(기린 허리 좌우 틀어 주기)

제5식 맷돌 갈아 돌아보기(사슴 좌우 보기)

제6식 뒤돌아보기

제7식 기러기 솟구치기

제8식 돌아 별 보기

제1식 풍차 돌리기

1) 동작: 양발을 모으고 서 있는 자세에서 가슴 앞에 두 손을 모아 합장하여 잠시 명상에 잠긴다. 이어서 숨을 들이마시면서 왼손을 서서히 위로 올리고 오른손은 아래로 내린다. 이어서 숨을 내쉬며 왼팔로 호형을 그리며 어깨까지 내리고 오른팔은 호형을 그리며 어깨까지 올린다. 숨을 들이마시며 왼팔을 내리고 오른팔은 올린다. 동작을 쉬지 않고 숨을 내쉬며 왼팔을 호형을 그리며 왼손을 가슴 앞으로 올리고, 동시에 오른팔은 호형을 그리며 가슴 앞으로 내려 두 손바닥을 모은다.

효과는 수삼음경과 수삼양경을 자극하여 폐, 대장, 심장, 소장의 기능을 증진시킨다. 몸과 마음을 하나로 만든다.

제2식 옷소매 날리기

1) 동작: 양발을 모으고 서 있는 자세에서 머리를 바로 세우고 눈은 앞을 본다. 숨을 들이마시면서 양팔을 서서히 어깨 높이로 올리고 몸을 왼쪽 뒤로 돌리며 팔매질하듯이 원형으로 돌리며 어깨 높이까지 내린다. 동작을 멈추지 않고 숨을 내쉬면서 두 팔을 원형을 그리며 내려 처음 자세를 취한다. 이어서 같은 동작을 오른쪽으로 방향을 바꾸어 반복한다. 효과는 신장을 보한다. 폐경과 소장경, 심경을 자극한다.

제3식 나무 끌어안기(지구 들어 올리기)

1) 동작: 양발을 모으고 바르게 서 있는 자세에서, 숨을 들이마시면서 몸을 뒤로 젖히고 양팔을 뒤쪽으로 펼치며 들어 올려 머리 위로 올리고 바르게 선다. 이어서 숨을 내쉬면서 몸을 앞으로 숙이며 양팔을 내리고 손바닥은 위쪽을 향하고 손끝은 마주한다. 숨을 들이마시면서 양손을 서서히 가슴 앞까지 들어 올리며 바르게 선 다음, 숨을 내쉬면서 양 손바닥을 아래로 향하게 하여 양팔을 내린다.

효과는 독맥과 임맥을 자극한다. 척추를 자극하고 허리와 어깨의 통증을 예방을 한다.

제4식 물속 들여다보기(기린 허리 좌우 틀어 주기)

1) 동작: 양발을 모으고 바르게 서 있는 자세에서, 숨을 들이마시면서 양팔을 오른쪽으로 호형을 그리며 머리 위로 올리고, 숨을 내쉬면서 서서히 호형을 그리며 왼쪽으로 내린다. 다시 숨을 들이마시면서 양팔을 오른쪽으로 호형을 그리며 어깨 높이로 들어 올린다. 숨을 내쉬면서 왼쪽 발꿈치를 들어 왼다리를 가볍게 구부리며 오른 다리는 펴고, 동시에 왼손바닥을 오른쪽 겨드랑이 앞에 세우고 오른팔은 머리 위를 지나 왼쪽으로 멀리 밀어내며 손바닥은 위쪽을 향하고 손끝은 왼쪽을 향한다. 이어서 오른쪽으로 양팔을 내리고, 반대방향으로 같은 동작을 반복한다.

효과는 수음경을 자극하여 폐, 심장 등을 이롭게 한다. 척추를 좌우로 굽히고 신전하여 운동기능을 향상시킨다.

제5식 맷돌 갈아 돌아보기(사슴 좌우 보기)

1) 동작: 양발을 모으고 바르게 서 있는 자세에서, 숨을 들이마시며 몸 앞에서 양손으로 오른쪽에서 앞으로 돌리고 다리를 가볍게 구부리며 왼쪽으로 평원을 그려 양손을 복부 앞으로 가져온다. 이어서 숨을 내쉬면서 왼발을 왼쪽 45도 방향으로 한 걸음 앞으로 내딛으며 왼손은 손바닥을 아래로 향하며 왼쪽 골반 옆에 위치하고, 오른팔은 귀 옆에서 머리를 지나 왼쪽으로 충분히 뻗어 준다. 다시 숨을 들이마시면서 왼 다리를 펴고 오른 다리를 접으며 양팔을 들어 올려 오른쪽으로 호형을 그리며 내려오고, 숨을 내쉬면서 왼발을 모으고 다리를 편다. 같은 동작을 반대방향으로 반복한다.

효과는 수삼음경과 수삼양경을 자극하여 폐, 심장, 대장, 소장기능을 높인다. 족삼음, 삼양을 자극하여 간, 비장, 위, 방광 기능을 높인다.

제6식 뒤돌아보기

1) 동작: 양발을 모으고 바르게 서 있는 자세에서, 숨을 들이마시면서 오른손을 오른쪽 앞으로 45도 방향으로 올리고, 이어서 숨을 내쉬면서 얼굴 앞으로 서서히 내린다. 동시에 왼손은 1, 2손가락을 펴서 왼쪽 장문혈에 둔다. 숨을 들이마시면서 오른손을 내리고 다시 오른쪽으로 돌리며 오른쪽 뒷머리에 대고, 왼발을 왼쪽 45도 앞으로 한 발 내딛는다. 숨을 내쉬면서 왼 다리를 접으며 머리를 누르며 몸통을 왼쪽으로 틀어 준다. 왼손은 서서히 명문혈에 둔다. 시선은 오른손에서 발을 본다. 숨을 들이마시면서 오른쪽으로 몸을 돌리고 왼 다리는 펴고 오른다리를 접으면서 양팔을 어깨 옆으로 펼친다. 숨을 내쉬면서 왼발을 오른발 옆으로 모으며 양팔을 몸 옆으로 내린다. 동작을 반대방향으로 반복한다.

효과는 목으로 흐르는 경맥을 자극한다.

제7식 기러기 솟구치기

1) 동작: 양발을 모으고 바르게 서 있는 자세에서, 숨을 들이마시면서 양손을 복부 앞에서 교차했다가 펼치고, 숨을 내쉬면서 오른팔을 기러기가 위로 솟구치듯 올리고 왼팔은 왼쪽 뒤로 내린다. 동시에 왼쪽 90도 방향으로 몸을 틀면서 왼발을 왼쪽으로 한 걸음 내딛는다. 숨을 들이마시면서 왼손을 오른손 옆으로 호형을 그리며 들어올리고, 이어서 오른다리를 접으며 몸을 오른쪽으로 돌리고 양팔을 어깨 옆으로 펼쳐 내린다. 숨을 내쉬면서 왼발을 오른발 옆으로 모으며 양손을 복부 앞으로 가져온다. 서서히 손을 주시한다. 반대 방향을 위와 같은 방식으로 한다.

효과는 방광경을 자극한다. 발끝을 올려 신장을 자극한다.

제8식 돌아 별 보기

1) 동작: 양발을 모으고 바르게 서 있는 자세에서, 양팔을 왼쪽에서 오른쪽으로 원을 그리며 돌려 비파형을 만들고 몸을 오른쪽 앞으로 45도 방향으로 돌린다. 동시에 왼발을 왼쪽 뒤로 45도 방향으로 한 발 내딛어 뻗는다. 이어서 왼 다리를 접고 오른 다리를 뻗으며 왼쪽으로 몸통을 돌리고 왼손은 머리 위로 둥글게, 오른손은 하복부 앞쪽으로 밀어내듯 한다. 오른손을 왼손에 대고 몸통을 오른쪽으로 돌리며 오른 다리는 접고 왼 다리는 뻗으며 양팔을 어깨 옆으로 펼친다. 왼발을 오른발 옆으로 모으며 좌우로 손을 내린다.

효과는 허리를 틀어 족음경과 족양경을 자극한다.

제 6 장

선무예(仙武藝) 실제

1. 선무예의 3대 특성

1) 무술성의 특성

인간은 존재성 확립의 본질적 방법으로 의식적 또는 무의식적으로 자연환경을 수용하는 법과 극복하고 이에 적응하며 생존을 위한 투쟁의 무예 문화를 현재에 전하고 있다.

그 시대와 종족 유지 방법과 수단 등에 있어 차이는 있으나 무술이 행해진 것은 과거가 입증하는 바이며, 무술은 인류의 기원과 함께 존재하였고, 사회의 요구에 따라 역사적으로나 사회적으로 그 시대의 특질을 나타내면서 현재에 이르렀다. 무예는 오랜 사회생활 속에서 점차적으로 쌓이고 풍부하게 발전해 온 귀중한 문화유산으로 오랫동안의 변화와 발전을 거친 무예는 한국 철학의 지혜, 미학(美學)의 정치, 예술학의 운치, 문화학의 정신이 응집되어 있다. 이런 과정 속에서 한민족의 특색을 나타낸 무예 문화 체계가 이루어졌다.

민족적인 체육활동과 문화현상으로서의 무예는 세련되고 실용적인 아름다운 신체활동이다. 한민족의 우수한 전통 문화로서의 선무예의 핵심적인 것은 무술성, 보건성, 예술성의 삼위일체다. 오랜 세월이 흘러오면서 무예는 전통적인 체육활동뿐 아니라 문화. 오락 활동으로서 물심양면에서 성과를 거두었다.

무예의 본질은 투쟁으로서 투쟁의 목적은 실제 격투를 위한 것으로 고대의 잔혹한 투쟁이나 장기간의 전쟁 중에 자신의 생존을 위한 수단이었다. 이런 격투의 기능은 오늘날에도 실용적인 가치를 갖고 있다. 민족의 체육활동과 문화 현상으로 된 오늘의 무예는 반드시 민족의 정치, 경제, 문화, 예술 등 사회의 발전 환경과 사람들의 정신적 심리수요에 적응되어야 하며 각종 문화사상과 각종 사회활동 등 형식에서 부터 내용에 이르기까지 양적 변화에서 질적 변화를 가져와야 한다. 무예는 반드시 전투에 응하고 실용에만 집착하는 격투기의 틀에서 벗어나 점차적으로 한민족의 독특한 성격을 지닌 체육 문화 활동 형식으로 발전하여야 한다.

선무예의 대표적인 동작원리는 원형과 나선의 동작이다. 여기에 몸은 이완시키고 느긋하게 하는 동작하지만 의식은 뚜렷이 집중하여 동작 하나의 세밀한 부위까지 느껴야 하는 동과 정의 원리가 결합되어야 한다. 선무예의 유연한 움직임은 온몸이 느슨하게 이완되어 있는 상태에서 자연스럽게 펴고 구부리고 뒤틀어 기혈의 유통을 도와주고 끊임없이 이어지는 동작들은 완벽하게 호흡과 일치하여 심신의 안정을 가져온다. 이런 장점 때문에 선무예는 회복기의 환자들이나 심한 운동을 하지 못하는 노약자, 정신노동자, 중년 이후의 여성들에게도 아주 적합한 운동으로 호응을 얻고 있다.

선무예의 특징은 네 가지로 나누어 설명할 수 있는데 첫째는 동작의 유연성이다. 부드러운 동작으로 근육을 이완시켜서 몸의 피로를 풀고 구부리고 뒤트는 생체의 자연동작이 담겨 있어 건강에 매우 유익하다. 즉 모든 동작이 자연 속의 편안한 움직임으로 이어져 호흡이 흐트러지지 않는다. 둘째, 동작의 원운동이다. 원운동을 통해 관절과 근육의 작용이 원활하도록 한다. 원형의 동작을 통해 자연스러운 힘이 발휘되도록 하고 조직의 강화가 쉽게 이루어지게 한다. 셋째, 동작의 연속성이다. 시작부터 끝까지 시종일관 멈춤이 없다. 즉 한 동작의 완성은 다음 동작을 위한 동작이며 시작이다. 넷째, 조화와 융화이다. 이것은 정신과 육체가 서로 조화와 융화를 통하여 하나를 형성하여야 한다는 것이다.

2) 보건성의 특성

양생학 입장에서 볼 때 기(氣)는 생명의 근본, 원천으로서 인체 생명 활동을 구성하고 유지해 주는 기본물체이다. 사람이 살아 있다는 것은 기(氣)가 모여 있음을 말하는 것으로, 모이면 살아 있고 흩어지면 죽는다.

　기(氣)는 복잡하고 오묘하다. 위로는 하늘의 뜻에 따르고 아래로는 땅의 이치에 닿고 사람에게 미치는 그 내용이 아주 넓어서 동양 철학 범주 가운데서 극히 중요한 명제의 하나며 동양학, 양생학의 중요한 구성부분의 하나다.

　기(氣)와 혈(血)의 관계를 보면 기는 양(陽)이고 혈(血)은 음(陰)으로서 기(氣)와 혈(血)의 관계는 음양이 서로 순응하고 서로 돕고, 서로 의존하는 관계다. 기(氣)는 혈(血)을 생성하고 혈(血)을 돌리고 혈(血)을 섭취한다. 그러므로 기(氣)는 혈(血)의 모체라 하여 기(氣)는 혈(血)을 이끌고, 기(氣)가 돌면 혈(血)이 순환하고 기(氣)가 멈추면 혈(血)이 뭉치게 된다. 혈(血)이 뭉치게 되는 대부분의 원인은 기(氣)가 막히는 데서 비롯된다. 기(氣)가 조화로우면 안정되고, 기(氣)가 혼란스러우면 병이 나고 기(氣)가 흘러 병이 나고 기(氣)가 흩어지면 죽는다. 기(氣)를 취하고 기(氣)를 단련하고 기(氣)를 모으고 기(氣)를 양생하는 네 가지 가운데서 기(氣)를 양생하는 것이 제일 중요하다. 성장의 요소는 기(氣)를 양생하는 것을 근본으로 하는 것이다.

　기(氣)를 어떻게 길러야 하는가에 대해서는 양생은 상하지 않게 하는 것을 기본으로 한다고 했으며, 또 우선 상하지 않게 하는 것이라고 하면서 상하지 않게 하는 방법으로서 우울하고 비애에 젖지 말고, 춥고 더운 것이 정상적이어야 하며 기쁨이 지나치지 않고 분노하지 말고, 깊이 생각지 말고 소원이 급하지 않아야 하고, 음양이 순조로워야 한다고 하였다.

　휘감는 것을 중시하고 손, 발목의 동작을 중시하는 것은 양생술로서 매우 중요하다. 감고 돌리는 것은 의식적인 선회 속에서 움직이며 목적적인 선회 가운데서 행한다. 이것은 온몸의 경락(經絡)을 소통시키고 전신의 기(氣)와 혈(血)을 막힘없이 잘 통하게 하는 것으로 건강에 매우 유익하다는 것을 뜻한다.

　동양 의학에서는 경락이 인체의 기(氣)와 혈(血)의 통로로서 전신에 분포되어 있고 내부로는 오장육부와 연계되어 있고 외부로는 사지와 근육, 피부, 오관 구혁과 연계되어 있어 이것은 12경맥, 기경8맥, 15경락, 12경백, 12경근 등을 포함한 수많은 말초혈관과 연계되어 있다.

　12경은 음경과 양경으로 분류되어 음경은 장락부에 속하고 양경은 부락장에 속하며 그 음경과 양경도 서로 교차되어 경락을 통하여 전하여 준다. 순서를 보면 수삼음경은 흉부에서 시작되어 머리에 이르러 흉부를 관통하여 족삼양(足三陽)과 교하여 족삼양은 발에서 족삼음과 교차하여 가슴에 이르러 수삼음과 교차하여 음양은 서로 관통한다.

손목과 발목의 동작을 중요시하는 것은 양생법으로서 질병을 예방, 치료하고 신체를 건강히 하고 장수를 기하는 중요한 단계의 하나다. 이것은 12경맥이 손목과 발목 부근에 중요한 경혈인 원혈(原穴)이 있기 때문이며 동양 의학에서는 원혈은 오장육부의 원기가 통하고 머무르는 부위라고 인정하며 어느 장기 하나의 병적 변화는 그 경(經)에 나타난다.

심(神)과 신(形)은 인체 생명을 구성하는 중요한 요소다. 인체 생명의 가장 좋은 상태는 마음의 전부는 집중에 있고 형체의 전부는 외모에 있다(心全干中, 形全干外.《管子》). 이것은 사람들에 공(功)을 수련하든지 장(掌)을 연습하든지 모두 마음과 몸을 같이 연습해야 함을 가르쳐 주며 이로써 상부상조로 서로의 능력을 더욱 돋보이게 할 수 있고 정신을 건전하게, 신체를 건강하게 할 수 있다.

몸이 완전하다(形全)는 것은 마음의 주도하에 경락(12경맥, 15락맥, 기경8맥 등)의 연계를 통하여 체내의 오장육부와 체외의 사지백해를 통일된 총체로 하여 형성함으로써 오장이 튼튼하고 혈맥이 조화롭고 영기와 위기의 흐름이 정상적이고 호흡이 고르고 기(氣)가 잘 통하여 육부가 편안하고 진액이 잘 나게 하는 것을 말한다.

정신이 완전하다(神全)는 것은 원신(元神)과 식신(識神)이 상호 고도의 조화를 통해 최대의 효과를 발휘하는 것을 말한다. 즉 식신의 응용능력을 남김없이 발휘시켜 일을 성취하는 것과 원신이 완전무결하게 보호되어 병을 없애고 수명을 연장하는 것을 결합시키는 것이다.

《내경》에서는 몸은 생명이 체류하는 집이고 기(氣)는 생명을 충실히 하는 원천이며 정신은 생명을 좌우하는 주체라고 하였다.

동작에 있어서 정신은 우주에 동작은 여유 있게 자연스럽다. 양생의 방법에 있어서 정신은 우주에 있다는 것을 사람의 풍모와 자태, 기색과 풍채, 정신과 운치가 대범하며 마음이 시원하고 넓으며 관절놀림이 원활한 것을 말한다. 자연스럽고 대범하며 무리를 하지 않는 것이고 뛰어나다는 것은 동작이 소탈하고 자연스러우며 민첩하고 틀에 짜이지 않고 남보다 뛰어난 것을 말한다.

수련할 때는 분명하고 뛰어나고 움직임이 자연스럽고 깨끗해야 한다. 뿐만 아니라 힘 있고, 침착하고 강인함 속에 부드러움이 있어야 하고, 부드러움 속에 강인함이 있어야 하며 정신이 활발하고 음미할 맛이 있어야 한다.

　이로써 아름다움 속에서 경락을 소통시켜 기(氣)와 혈을 통하게 하며 근골을 단련하고 관절을 원활하게 하고 혈을 활성화시키고, 어혈을 풀며 음양을 평형시켜 정기를 올리고 사기를 배제하고 체질을 증강하고 오장을 편안하게 하는 효과를 가져야 한다.

3) 예술성의 특성

　선무예(仙武藝)가 오늘까지 이어지면서 퇴보되지 않은 것은 건강이나 호신으로서의 실용적 가치를 갖고 있을 뿐 아니라 독특한 표현예술로서 미학적 향수와 기쁨을 주며 선무예 내용에는 한민족의 기질, 민족심리 정신 등이 깃들어 있기 때문이다.

　선무예의 형은 공격, 수비, 진퇴 동작, 움직임과 조용함의 순서, 강함, 표현의 예술적 가치는 겉과 안이 통일되고 부드러움, 허실 등 대응의 법칙으로 구성되었다. 내적인 정신을 토대로 한 형 표현은 겉과 안이 통일되고 형체와 정신이 겸비되고 리듬이 선명하며 기복 전황이 빠르며 동작이 상호 조화되어 안정되고 우아하다.

　미의 본질과 인간의 본질은 밀접한 관계를 갖고 있으며 의식적이나 목적적으로 생산과 생활은 동물과 구별되는 점이고 인류 사회가 생존하고 발전할 수 있는 기본적 핵심이다.

　무술은 생활을 실천하는 가운데서 창조된, 보건성, 무술성, 예술성을 핵심적 특성으로 하는 종합적성인 실체로서 3가지 속성은 함께 발전하여 왔음을 알 수 있다. 그러나 무술성이나 보건성만을 중요시하여 왔고 무술의 표현 예술성과 심미적 기능에는 무관심한 편이었다. 물론 무술의 본질은 격투기이고 격투의 역할과 목적은 실제로 격투를 위한 것이다. 이것은 고대로부터 생존을 위한 투쟁이나 전란 중에서 승리를 위한 수단이었을 뿐이다. 그러나 세월이 흐름에 따라 현대사회에서 이미 사회체육으로서의 기능을 다하고 있다. 현대의 무술은 고대 무예를 기반으로 변형되어 표현 예술성과 심미적 공능을 갖게 되었으며 무술에 대한 인식도 바뀌며 표현예술에 다른 미에 대한 추구는 무술미학을 낳게 되었다.

무술은 오래된 민족 전통문화와 기예의 하나다. 옛날부터 지금까지 무술의 역사적 발전을 돌이켜 보면 무술의 미적 창조와 무술의 심미적 의식, 미적 사상관념은 아주 먼 옛적에 이미 산생되었음을 알 수 있다.

주지하다시피 무술은 보건성, 무술성, 예술성 삼위일체가 공존하면서 발전해 온 종합 실체다. 무술의 표현예술성의 산생과 발전에는 광범하고도 심각한 문화배경과 사회기초가 뒷받침되어 있다. 예술의 각도에서 무술미학의 생성과 발전 문제를 연구하고 탐구해 보면 무술은 한국 무용, 곡예, 희곡 등 기타의 인체 예술형식과 갈라놓을 수 없는 관계를 갖고 있다.

실제로 우리나라에서 무(武)와 무(舞)가 발음과 뜻이 통용되었을 뿐만 아니라 실제 내용에서도 밀접한 연계가 있었다. 많은 고대 무용에서 표현된 실제 내용은 고대인이 일에 대한 실한 모습과 용맹한 정신을 반영한 것이다. 기록에 의하면 이같이 무용으로써 노동, 생산을 표현하고 풍요를 기원한 열렬한 장면은 고대인의 시적인 종교의식과 하늘, 땅, 신, 조상에 대한 무한한 숭배를 남김없이 보여 주었다. 또 같은 기록이 있다. 이는 수렵하고 귀가에 오른 기쁜 정경을 반영한 것으로 고대인들의 정신을 표하였다. 이 밖에 일부의 고대 무용의 내용과 동작은 완전히 무술의 기술동작에서 왔다.

우리나라의 문자 기재 역사는 일찍부터 시작되었다. 무술의 생성과 발전을 보면 원시사회 말기에 이미 무술의 기본형태가 형성되었고, 삼국시대부터는 점차적으로 다양화와 복잡화의 방향으로 발전했다. 그 주요 표지는 무술이 진일보로 군사훈련, 종교예의, 장례의식 등 사회활동과 서로 결합되어 광범한 사회활동의 형식과 수단으로 된 것이다. 그때 사회상에서 무술은 아주 크게 중시되었다.

2. 선무예의 특징과 의의

1) 선무예는 기(氣)의 원운동이다

양생무예학에서 볼 때 기(氣)는 생명의 근본 원천으로서 인체 생명 활동을 구성하고 유지해 주는 기본 물체이다. 사람이 살아 있다는 것은 기(氣)가 모여 있음을 말한다. 모이면 살아 있고 흩어지면 죽는다고 하였다. 이러한 옛글은 모두 인간의 생명은 부모의 정기로써 생성되고 호흡의 기와 수곡(水谷)의 정기(精氣)로 양육됨을 설명해 준다.

 기(氣)와 혈(血)의 관계를 보면 기는 양(陽)이고 혈은 음(陰)이다. 기(氣)와 혈의 관계는 음양이 서로 순응하고 서로 돕고 서로 의존하는 관계다. 기(氣)는 혈을 생성하고 혈을 돌리고 혈을 섭취한다. 그러므로 기(氣)는 혈의 모체라 한다. 기(氣)는 혈을 이끈다. 기(氣)가 돌면 혈이 순환하고 기(氣)가 멈추면 혈이 뭉치게 된다. 즉, 혈이 뭉치게 되는 대부분의 원인은 기(氣)가 막히는 데서 비롯된다. 그러나 기(氣)도 언제나 혈액에 의존하면서 몸 전체를 돌고 있다. 그러므로 혈은 기(氣)를 위한 보좌라고 한다. 혈은 기를 저장할 수 있다. 이로부터 기와 혈은 밀접한 관계를 갖고 있고 기가 중심인 것을 알 수 있다. 기가 조화로우면 안정되고 기가 혼란스러우면 병이 나고 기가 흩어지면 죽는다.

 때문에 양생풍류장은 기를 취하고 기를 단련하고 기를 모으고 기를 양생하는 것을 아주 중요하게 여긴다. 마음과 정신이 안정된 상태에서 각기 오른손과 왼손의 노궁혈(勞宮穴)에서 일월의 기(氣)를 채기하여 기(氣)의 바다로 돌려보내고 그것으로써 기(氣)를 충족시킨다. 펼치고 모으는 것으로 기(氣)를 끌어올린다. 봄바람에 버들가지가 날리듯이 힘은 허리에서 시작하고 뿌리는 발밑에 내리고 기력은 몸 전체에 관통되고 내력은 손에 다다라야 한다는 전체 원기로 신장의 기를 수련해야 한다. 또한 수태음폐경(手太陰肺經)과 수양명대장경(手陽明大腸經)을 비롯하여 각 경락을 자극하여 오장의 기를 단련하는 것이다. 여기서 짚고 넘어갈 것은 풍류장을 수련 시엔 온갖 잡념을 버리고 대뇌를 깨끗이 비우고 안정된 상태에서 기(氣)를 단련해야 한다는 것이다.

 기(氣)를 취하고 기(氣)를 수련하고 기(氣)를 모으고 기(氣)를 양생하는 네 가지 가운데서 기(氣)를 양생하는 것이 제일 중요하다. 성장의 요소는 기(氣)를 양생하는 것을 근본으로 하는 것이다.

 이상에서 우리는 양생(養生)의 도리는 기(氣)를 사랑하고 기(氣)를 수련하는 데 있음을 알 수 있다. 기(氣)를 어떻게 양생할 것인가? 진나라(晉代)의 갈홍(葛洪)은 양생은 상하지 않게 하는 것을 기본으로 한다고 했다. 고대에 제일 장수했다고 기재되어 있는 팽조(彭祖)는 장수의 비결은 우선 상하지 않게 하는 것이라고 하면서 상하지 않게 하는 일곱 가지 방법을 내놓았다. 우울하고 비애에 잠기면 사람이 상한다. 춥고 더운 것이 비정상적이면 사람이 상한다. 기쁨이 지나치면 사람이 상한다. 분노를 삭이지 못하면 사람이 상한다. 깊이 생각하고 기억력이 뛰어나면 사람이 상한다. 생활 중에 피로가 과도하면, 특히 정신의 과도한 피로는 기를 상하게 하고 사람을 상하게 한다. 때문에 수련 전에 심리 조절을 잘하여 잡념을 배제하도록 노력해야 한다. 또 수련 가운데서 안정된 상태에서 대뇌를 정화해야 한다. 뿐만 아니라 일상생활 가운데서 사욕을 제거하고 터무니없는 생각을 적게 하고, 일곱 가지 정감의 과도로 신기(神氣)가 상하는 것을 통제하여야 하며, 적은 데로부터 시작하고 자기로부터 시작하고 지금으로부터 시작하는 것을 중히 여기고, 왕성한 원기로써 건강을 찾아야 하고 정력을 튼튼히 하는 것으로써 건강, 장수의 목적에 도달해야 한다.

2) 선무예 공법은 경락을 자극한다

동의(東醫)에서는 경락이 인체의 기와 혈의 통로라고 한다. 경락은 전신에 분포되어 있고 안으로는 오장육부와 연계되어 있고 겉으로는 사지와 근육, 피부, 오관, 구혈(九窮)과 연계되어 있어 가로세로 복잡한 연락망(聯絡罔)을 이루고 있다. 이는 12경맥(十二經脈), 기경8맥(寄經八脈, 奇經八脈), 15경락(十五經脈), 12경별(十二經別), 12경근(十二經筋), 12피부(十二皮膚)를 포함한 헤아릴 수 없는 말초 혈관과 연계되어 있다. 12경맥(十二經脈)을 예로 들면 다음과 같다. 12경맥은 12오장육부에 속하는 경맥으로서 하나의 오장육부는 모두 각기 하나하나의 경락과 이어져 있고 좌우로 나눠 머리로부터 몸, 사지에 이르기까지 온몸에 관통되어 있어 경락계통(經絡系統)의 주체를 이룬다. 그리고 12경 가운데 또 음경(陰經), 양경(陽經)의 구별이 있다. 음경(陰經)은 장락부(臟絡腑)에 속하고 양경(陽經)은 부락장(腑絡臟)에 속하며 그 음경(陰經)과 양경(陽經)도 서로 교차되어 경락을 통해 전하여 주고 있다. 그 교체상황을 설명하면 다음과 같다. 수삼음(手三陰)은 가슴에서 시작되어 손에 이르러 수삼양(手三陽)과 교차되고, 수삼양(手三陽)은 손에서 시작되어 머리에 이르러 족삼양(足三陽)과 교차되고, 족삼양

(足三陽)은 머리에서 시작되어 발에 이르러 족삼음(足三陰)과 교차되고, 족삼음(足三陰)은 발에서 시작되어 가슴에 이르러 수삼음(手三陰)과 교차된다. 이같이 음양(陰陽)이 서로 관통하고 끊임없이 반복적으로 순환한다.

  손으로 휘감는 것과 발의 동작을 중요시하는 것은 선무예의 뚜렷한 특징의 하나로서 이는 전체 공법에 전반적으로 활용되고 있다. 생활 가운데서 동작이 많고 다양하고 변화가 빈번하지만 대부분 자연적으로 형성된 것이다. 그러나 선무예의 동작은 의식적으로 선회하는 가운데 움직이며 목적적으로 선회하며 행한다. 움직임은 선회로부터 시작되어 행하는 것은 감는 것에서 정지한다. 이는 온몸의 경락(經絡)을 소통시키고 전신의 기와 혈을 막힘없이 잘 통하게 하는 것으로 양생에 아주 유익하다.

  선무예는 휘감는 동작을 강조하여 각 경맥에 대한 자극을 하는 데 적극적인 작용을 한다. 이로써 병이 있으면 병을 치료하고 병이 없으면 몸을 건강하게 하는 효과가 있다. 예로서 상지(上肢)의 휘감기 동작은 수삼음경(手三陰經)과 수삼양경(手三陽經)을 소통시켜 심폐를 강하게 하고 마음을 안정시키고 폐를 편하게 하고 호흡을 고르게 하고 장을 원활하게 하여 뭉친 것을 없애 주며 물길을 통하게 하고 열을 없애고 막힌 것을 통하게 한다.

  하체(下肢)의 휘감기 동작은 족삼음경(足三陰經)과 족삼양경(足三陽經)을 막힘없이 통하게 하여 몸을 보양하여 기를 돕고 신장의 기를 섭취하여 튼튼히 하며 음을 보충하여 화를 내리누르고 간을 편안하게 하여 담낭을 좋게 한다. 허리와 척추를 돌리는 것은 신장을 튼튼히 하고 허리를 강하게 하고 기를 거둬들여 선천적 것을 조절하여 후천적인 것을 보충한다.

  손목과 발목의 동작을 중요시하는 것은 양생풍류장이 질병을 예방, 치료하고 신체를 건강히 하고 장수를 기하는 중요한 단계의 하나다. 이것은 12경맥은 손목과 발목 부근에 각기 중요한 경혈(經穴)인 원혈(原穴)이 있기 때문이다. 동의(東醫)에서는 원혈은 오장육부 원기가 통하고 머무르는 부위라고 인정하면서 어느 하나의 장기의 병적 변화는 그 경(經)의 원혈에서 나타난다고 본다. 때문에 동양의학에서는 오장에 병이 있으면 십이원(十二原)에서 찾는다. 원혈(原穴)은 내장 질병 치료에 중요한 작용을 한다.

3) 선무예는 심신(心身)을 동시에 수련한다

인체 생명의 대계통 가운데서 마음(神)과 몸(身)은 인체 생명을 구성하는 두 개의 요소지만 인체 생명 가운데서 처한 지위는 서로 다르다. 몸은 인체 생명이 체류하는 집이고, 기는 생명을 실히 하는 원천이며 정신은 생명을 좌우하는 주체다. 다시 말해서 마음(心)과 몸(身)은 인체 생명을 구성하는 두 개의 중요한 요소로서 그 어느 하나도 없어서는 안 된다.

선무예 수련은 완전한 정신을 더 중시한다. 선무예는 사람들에게 수련 전이나 수련 중, 수련 후에도 잡념을 제거하고 대뇌를 정화하고 마음과 정신의 안정을 요구한다. 희(喜), 노(怒), 우(憂), 사(思), 비(悲), 공(恐), 경(驚), 이 일곱 가지 감정(七情)을 적당히 하고 절욕(節欲)해야 하고 합리적인 음식과 적당한 수면을 강구해야 한다. 이래야 선천의 기를 비교적 잘 보양했다고 할 수 있다. 양생풍류장은 선천기를 보양한 토대 위에 또 후천의 기가 선천의 기에 대한 간섭을 중요시하고 있다. 정신을 가다듬는 방면에서 마음으로 지키는 것을 허용하지 않고 무의식적으로 요구하는 것을 허용하지 않으며 마음으로 서로 상조하고 무의식에 빠지며 끊임없이 이어져 내려가고 지키는 것 같기도 하고 지키지 않는 것 같기도 하다. 이 밖에 양생풍류장은 덕을 쌓고 정신수양을 하는 것을 으뜸으로 하고 사람들에게 하나를 지킬 수 있다면 만 가지를 버리고 이익에 유혹되지 말고 해로움에 겁을 먹지 말아야 한다. 그러나 사람들은 천태만상의 세계에서 살아가고 있기에 이러한 사상은 사회적, 자연적인 영향을 받게 되며 여러 가지의 자극에 대해 상응한 반응을 보이고 있다. 늘 새로운 사상관념으로 낡은 사상관념을 대체하고 새로운 도덕규범으로 낡은 도덕규범을 대체하며 문명하고 건강하고 과학적인 생활방식을 제창하고 우매하고 낙후한 풍속습관을 극복해야 한다. 원신(元神)에 대한 간섭을 방지하는 것은 지혜를 늘리고 병을 제거하고 생명을 연장하는 목적에 달할 수 있다.

4) 선무예 동작은 자연스러워야 한다

선무예의 기본 공법 동작은 모두 의식을 집중하고 동작은 자연스러워야 한다. 의식을 집중하는 것은 사람의 풍모와 자태, 기색과 풍채, 정신과 운치가 대범하고 자연스러운 것을 가리킨다. 동작이 여유로움은 동작의 조형 구성이 느리고 대범하며 마음이 시원하고 넓으며 관절 놀림이 원활한 것을 말한다. 자연스럽고 대범하다는 것은 사람의 행동과 정신이 자연스럽고 대범하며 억지로 하지 않고 구속받지 않는다는 것을 말한다. 뛰어나다는 것은 동작이 소탈하고 자연스러우며 민첩하고 틀에 짜이지 않고 남보다 뛰어남을 말한다.

5) 선무예에는 5가지 원리가 있다

첫째, 점진성(漸進性)의 원리로서 선무예는 일종의 수련법이다. 평소 연습을 게을리하지 말고 열심히 행하여만 비로소 경지에 달할 수 있다. 따라서 성급하게 하지 말고 순서에 따라 차근차근 행하여야만 한다. 연습시간은 처음에는 짧고 그리고 차츰 늘려 간다. 수련의 효과를 높이고 부작용을 방지하려면 초조하게 생각지 말고 의욕을 갖고 행하는 것이 중요하다.

둘째, 지구성(持久性)의 원칙으로서 선무예 수련이란 스스로의 조절 능력으로 특히 의식의 지배를 받지 않는 내장 활동을 조절하는 능력을 키우는 일이다. 이것은 하루아침에 이루어지는 것은 아니다. 생리학적으로 보면 선무예 수련은 조건반사를 형성하고 그것을 강화시킬 수 있으며 일정 시간을 필요로 한다. 도중에 수련을 중단하면 얻었던 효과도 곧 사라져 버린다. 계속해서 조건 반사를 강화시키지 않는다면 그 효과는 서서히 사라져 버릴 것이다. 이러한 이유에서 선무예는 일상생활의 한 부분으로 자리매김하는 것이 바람직하다.

셋째, 자연성(自然性)의 원칙으로 자연성이란 객관적인 자연 법칙이나 자연조건을 충분히 활용하여 적극적이며 주체적으로 수련하는 것을 말한다. 현대인들은 고대(古代)의 수행자들처럼 깊은 산속에 들어가 수행할 수는 없다. 그러므로 가능하면 자연환경에 가까운 장소, 이를테면 공원이나 교외 등을 택하여 수련하는 것이 좋다. 그러면 잡념도 사라지게 되어 억지로 제거할 필요도 없을 것이다. 특히 처음 선무예를 수련하려는 사람은 억지로 잡념을 제거하려고 해서는 안 된다. 자연의 원칙에 위배되면 기(氣)를 너무 사용하는 것이 된다. 기가 흩어지고 정신이 피로하면 부작용이 일어날 수도 있다.

넷째, 개별성(個別性)의 원칙으로서 개개인의 체질, 체격 등을 고려하여 수련하는 것이 효과적이다. 그 때문에 예로부터 무예를 수련할 때에는 지도자의 지도를 받아야만 한다고 했다. 하지만 여러 가지 사정으로 인해 지도를 받을 수 없을 때에는 우선 자신에게 맞도록 스스로 수련해야 한다. 어느 방법에 있어서는 일시적으로 이상한 느낌을 받을 수도 있으나 대부분의 방법을 따라 하면 심신이 모두 경쾌해짐을 느낄 수 있을 것이다. 그것은 그 방법이 자신에게 적합하여 효과가 있다는 것을 알려 주는 것이다.

다섯째, 방법의 선택으로, 선무예를 수련하는 과정은 조건반사를 형성하는 과정으로 계속적으로 행하여야만 한다. 따라서 어느 한 종류의 방법을 선택했다면 그것을 단련시키고 나서 다음 과정으로 들어가야만 한다. 여러 가지 방법을 시도하면 혼란을 일으켜 결국은 한 가지도 제대로 할 수가 없게 된다. 일반적으로 흥분성인 사람은 정공 계통의 방법을, 억제성인 사람은 동공 계통의 공법을 선택하면 좋을 것이다. 방법을 선택했으면 수련 장소나 시간을 정하고 행하는 편이 효과가 빠르다.

선무예에 관련된 서적 등을 읽고 수련할 때에는 사전에 이론과 요령을 충분히 이해하고 나서 실시하도록 한다. 연습 중에도 이따금 이론과 요령에 맞게 하고 있는지 가끔 점검해 볼 필요가 있다. 추측과 상상은 언제나 부작용을 초래할 수 있다.

6) 선무예의 필수적 수련법

선무예를 수련함에 있어 필수적으로 기본 수련부터 해야 한다. 조신법, 조식법, 조심법 등이다.

(1) 체위법(體位法)

체위법(體位法)이란 선무예 수련 중에 조신법으로 자세를 어떻게 조정하여야만 이 선무예 수련의 요구에 부합하는지를 일컫는 것으로서, 즉 자세를 조정하는 방법을 말한다. 좌식, 와식, 입식, 동법 등에서도 모두 자세를 소중히 여긴다. 이것은 선무예을 수련하는 데 있어서 제일 먼저 필수적으로 파악해야 할 방법이다.

체위법에는 좌식법, 평좌식, 결가부좌식, 와식법, 앙와식, 측와식, 자연입식이 있다.

(2) 이완법(弛緩法)

이완법은 선무예의 조신(調身)에 있어서 가장 중요한 일환으로서 가장 기초적인 단련법이다. 동공 수련의 기초와 정공의 기초이기도 하다. 이완법에는 여러 단계와 절차가 있는데 이러한 순서에 따라 신체의 각 부위에 주의를 집중시키고 마음속으로 이완한다는 생각을 결합시켜 서서히 근육과 관절 및 내장에 이르기까지 전신을 느슨하게 할 수 있다.

전신이 자연스럽게 조정되면 몸이 가뿐해지고 기분이 상쾌해지는 까닭에 생각이나 유기체 및 내장의 각종 긴장 상태를 없앨 수 있다. 동시에 주의력을 서서히 집중시키면 잡념을 배제시킬 수 있고 심신을 편안하게 할 수 있다.

이완법에는 외내부이완법, 부분이완법이 있다.

(3) 호흡법(呼吸法)

호흡을 조정하는 것은 조식법으로 호흡을 선무예의 단련 수요에 적응시키기 위한 것이며 이는 선무예의 조식에 있어서 매우 중요한 일환으로서 인체 내의 기를 축적, 발동, 운행하는 방법이다.

호흡법에는 자연호흡법, 복식호흡법, 단전호흡법, 태식법 등이 있다.

(4) 행기법(行氣法)

행기법(行氣法)은 선무예의 단련에 있어서 매우 중요한 한 가지 방법이다. 이것은 반드시 일정한 단련에 도달하여야만이 내기가 발동할 때 일반적으로 득기 현상이 나타나며 행기의 감각을 느낄 수 있게 된다. 의념으로 도인(導引)하는 작용을 거쳐 복식호흡과 서로 결합시켜

야만 의념인기와 의념행기를 할 수 있고, 내기의 이동과 운행을 차츰차츰 국력을 촉진할 수 있으며 선무예의 공력을 높은 단계로 향상할 수 있다.

행기법에는 관기법(貫氣法), 단전운행법(丹田運行法), 주천운행법 등이 있다.

(5) 입정법(入靜法)

입정은 선무예의 조심법(調心法)에 있어서 중심이 되는 일환이다. 이 호흡법의 단련은 대뇌의 사유 활동을 감소 내지 정지시켜 고도로 안정되고 쾌적한 상태에 이르게 하는 것이다. 이 법은 내기를 취합, 저장하여 인체의 기를 충족하게 해 주고 정신을 왕성하게 해 준다. 일상적으로 사용하는 입정법에는 수식법(數息法), 묵념법(黙念法), 송정법(松靜法) 등이 있다.

(6) 의수법(意守法)

의수는 선무예의 조심법에 있어서 의념을 단련시키는 중요한 방법으로 수련 과정 중 잡념이 있을 때 일념에 잠겨서 입정(入靜)을 촉진하는 것이다. 이 법은 의념(意念)과 기를 결합해 인체의 내기를 이동시키는 것으로서 내기의 취합과 운행을 촉진해 준다. 일반적으로 사용하는 의수법은 단전의수법(丹田意守法), 명문의수법(命門意守法) 등이다.

3. 선무예의 공법 분류

선무예는 내용적으로 풍류장(風流掌), 풍류선(風流扇), 풍류봉(風流棒), 풍류검(風流劍), 풍류곤(風流棍)으로 나눌 수 있다. 무예 양생학(養生學) 내용의 실천적 방법으로 경락(經絡)을 소통시키고 기혈(氣血)을 통하게 하고 부드럽고 느리고 끊임없이 걷고 돌고 변화가 다양하고 조화적이고 자연스러운 동작을 취한다.

선무예의 수련에서는 손목관절과 발목관절이 규칙적이고 반복적인 동작을 한다. 선무예 수련은 12개 경락에 대한 자체 자극으로써 손가락으로 침을 대체하는 작용을 한다. 때문에 선무예 수련은 경락의 기와 혈의 운행을 증강시킬 뿐만 아니라 음양의 생리기능을 조화시키는 작용을 하며 경락의 저항능력을 높여 주며 원기를 보호하고 오장이 안정하고 몸을 건강하게 하는 효과를 거둘 수 있다.

(1) 풍류장(風流掌)
(2) 풍류선(風流扇)
(3) 풍류봉(風流棒)
(4) 풍류곤(風流棍)
(5) 풍류검(風流劍)
(6) 풍류호법((風流護法)
(7) 풍류의학(風流醫學)

제 7 장

양생풍류장(養生風流掌)의 기본 장법과 공법

1. 기본 구성

1) 수형태

(1) 권(拳): 중지, 무명지와 새끼 손 가락을 손바닥에 굽히고 중충점(中沖点)이 노궁(勞宮)을 누르고 소상(少商)과 상양혈(商陽穴)이 서로 접해 있다.
(2) 장(掌): 다섯 손가락을 조금씩 벌려 곧게 펴고 식지를 조금 위로 쳐들고 엄지손가락과 대어제(大魚際)는 자연스럽게 안으로 거두어들이고 손바닥이 오목하게 이루어진다.
(3) 구(勾): 중지와 무명지, 새끼손가락을 손바닥 한가운데로 굽히고 엄지를 식지 위에 세우고 소상과 상양혈이 서로 접해 있고 손목을 위로 치켜든다.
(4) 팔자장(八字掌): 중지와 무명지, 새끼손가락을 손바닥으로 굽히고 엄지손가락과 식지를 八 자형으로 한다.

2) 시선법

자세를 고정시켰을 때는 눈을 앞으로, 손의 움직임을 보고 동작을 변화할 때는 정신을 집중하여 동작에 따라 정신을 몰두해야 하며, 기색은 자연스러워야 한다.

3) 신형태

- 머리: 위로 약간 들어 올리는데 아래턱은 안으로 약간 내린다. 머리는 한쪽으로 기울여서도 안 되고 좌우로 흔들어서도 안 된다.
- 목: 자연스럽게 쭉 펴고 목의 근육은 긴장상태에 있지 말아야 한다.
- 어깨: 어깨에 힘을 주지 말고 자연스럽게 아래로 내리며 뒤로 젖혀서도 안 되고 앞으로 움츠려도 안 된다.
- 팔: 자연스럽게 아래로 내리고 뻣뻣해서는 안 되며 마음대로 흔들어 줘서도 안 된다.
- 흉부: 편안하게 펼치고 밖으로 쭉 펴지도 말고 안으로 움츠려도 안 된다.
- 등: 등은 자연스럽게 펴고 너무 똑바로 세울 필요도 없고 곱사등을 하여도 안 된다.
- 허리: 자연스럽게 편안하게 두고 움직임이 영활해야 하고 항상 허리를 축으로 손과 발을 움직여야 한다.
- 척추: 척추는 항상 똑발라야 하고 좌우로 비뚤어져서는 안 되고 앞으로나 뒤로 너무 젖혀서도 안 된다.
- 엉덩이와 사타구니: 엉덩이는 안으로 힘을 주고 뒤로 내밀거나 흔들어서는 안 되며 사타구니는 좌우로 마음대로 움직여서는 안 된다.
- 무릎: 굽히고 펼 때 부드럽고 자연스러워야 한다.

4) 신행법

몸은 항상 단정하고 자연스러우며 한쪽으로 너무 지탱하지도 않고 기울어져서도 안 되며 움직임 동작이 대담해야 하며 몸의 돌림이 활발해야 한다. 뻣뻣하고 몸의 움직임에 기복이 심해서는 절대 안 된다. 몸을 움직일 때 허리를 축으로 아래위를 같이 움직인다.

5) 보형세와 행보법

(1) 궁형세-궁보세(弓步勢)

앞쪽 다리의 발바닥 전체를 바닥에 딛고 무릎을 굽히되, 무릎 끝이 발끝을 넘지는 않아야 하며, 나머지 한쪽 다리는 곧게 뻗되 발끝은 안으로 돌려 전방 45도에 위치하고 양발 사이의 폭은 약 10~20cm이다. 다리는 자연스럽게 펴고, 양 발끝은 앞을 향하되 뒷발 끝을 밖으로 20도 이상 벌리면 안 되고 양발의 폭은 어깨 넓이 정도다.

(2) 허형세-허보세(虛步勢)

한 다리의 무릎을 반쯤 구부리되 발바닥 전체를 바닥에 대며, 발끝은 앞을 향한다. 반대 측 다리는 약간 굽혀 발끝이나 뒤꿈치를 바닥에 댄다.

(3) 마형세-마보세(馬步勢)

양발 끝은 앞을 향하고, 기마자세를 취한다.

(4) 부형세-부보형(仆步勢)

한쪽 다리는 완전히 구부려 앉되 무릎과 발끝은 밖으로 벌리며, 다른 한쪽 다리는 자연스럽게 쭉 펴는데, 지면과 되도록 가까이 평형을 이루어야 하며, 발끝은 안으로 모으고 양발을 지면에 붙인다.

(5) 헐보세(歇步勢)

두 다리를 벌리고 중심을 한쪽 발에 두고 다른 한 발은 버티고 서 있는 발의 뒤쪽에서 사선으로 옮기며 앞쪽 발을 바닥에 대고 앉는다. 이때 둔부는 아랫다리 위에 놓는다.

6) 행보법

(1) 진보법

한 다리를 지탱하고 다른 다리는 들어 지탱한 발의 안쪽을 스쳐 앞으로 내딛는데, 뒤꿈치를 먼저 땅에 대고 중심을 앞으로 옮기면서 발바닥 전체를 땅에 댄다.

(2) 퇴보법

한 다리를 지탱하고 다른 다리는 지탱한 다리의 안쪽을 지나 한 발 뒤로 내딛는데, 발바닥의 앞쪽을 먼저 땅에 대고 나서 중심을 뒤로 이동하여 발바닥 전체를 땅에 댄다.

(3) 횡보법

① 한 다리는 지탱하고 다른 한쪽 다리는 들어 옆으로 벌리는데, 발바닥 앞쪽을 먼저 땅에 대고 나서 중심을 옆으로 이동하며, 발바닥 전체를 땅에 대면서 차츰 다리를 버텨 선다. 다른 쪽 다리는 들어 버틴 다리 안쪽에 나란히 내딛는데, 발바닥 앞쪽을 먼저 땅에 딛고 나서 중심을 옆으로 옮기며 발바닥 전체를 땅에 대고 버틴 다리를 의지한다.
② 한 다리를 지탱하고 나머지 다리를 옆으로 벌리며, 발뒤꿈치를 먼저 땅에 대는데, 뒤꿈치를 축으로 발끝을 밖으로 약 45도 돌린 후 중심을 옆으로 이동하고 나서 발바닥 전체를

땅에 대고, 차츰 버틴 다리의 뒤쪽으로 끼우되 발바닥 앞쪽을 먼저 땅에 대고 나서 중심을 옆으로 이동 후 발바닥 전체를 땅에 대며 지탱한 다리를 넘는다.

③ 한 다리를 지탱하고 다른 다리는 옆으로 벌리되 뒤꿈치를 먼저 땅에 대고, 뒤꿈치를 축으로 발끝을 45도 밖으로 벌리며 중심을 옆으로 이동하고 나서 발바닥 전체를 땅에 대어 다리를 지탱한다. 다른 한 발의 발뒤꿈치를 축으로 발끝을 안쪽으로 모아 버틴 다리 안쪽 옆으로 붙여 서되 양 발끝 방향은 서로 같다. 이어서 발뒤꿈치를 축으로 발을 밖으로 45도 벌린 후 발바닥을 땅에 대며 버틴 다리를 의지하고, 다른 발은 뒤꿈치를 축으로 발끝은 안으로 모아 나란히 서는 발의 폭은 20㎝ 정도다.

운족법은 앞으로 다가서는 것과 뒤로 물러서는 것을 바꾸어 가면서 사용하고 허실이 분명하고 영활하고 발걸음이 가벼워야 한다. 앞으로 내디딜 때는 발굽을 먼저 땅에 닿게 하고 뒤로 물러설 때는 발끝이 먼저 땅에 닿게 하여야 한다. 발이 움직임에 따라 몸의 중심 이동이 온정하고 균일하게 해야 한다. 두 다리 거리는 상황에 따라 적당해야 하고 발을 돌릴 때도 돌리는 각도가 적당해야 한다. 무릎은 영활하고 자연스러워야 한다.

2. 양생풍류장의 기본 장법과 공법

1) 기본 장법

(1) 장추법

장을 수직으로 세워 두고 장첨을 위로 향하게 하고 손바닥을 앞으로 향하게 하며 뒤에서부터 왼쪽 앞으로 밀어낸다. 힘은 장신의 중부에 둔다.

(2) 장삭법

장을 평형으로 반대쪽의 아래에서 자신의 흉부 앞을 지나 같은 쪽의 위로 경사지게 들어 준다. 장첨은 사람의 머리 위를 약간 초과해야 한다.

(3) 장벽법

장을 세워서 힘을 장신에 주어 위에서 아래로 내리친다. 掄劈掌(윤벽장)은 반드시 장을 한 바퀴 원형으로 돌린 다음 앞으로 아래로 내리친다.

(4) 장란법

장을 안으로(밖으로) 돌려 왼쪽(오른쪽)의 아래에서 오른쪽(왼쪽)의 앞으로 경사지게 내밀어 주는데 장첨은 좌쪽(우쪽)의 앞으로 아래로 향한다. 힘은 장의 앞 장인에 준다.

(5) 장료법

장을 하부로부터 상부로 쳐올리는 것을 말하는데 힘을 장의 앞부분에 주어야 한다. 정의 방향으로 요장하는 것은 자신 몸의 가까운 부위에서 팔을 밖으로 돌려 손바닥이 위로 향하게 하며, 역의 방향으로 요장하는 자신의 몸의 가까운 부위에서 팔을 안으로 돌려 손바닥을 위로 향하게 한다.

(6) 장봉법

두 손바닥을 위로 향하게 겹쳐서(왼손이 오른손의 아래에 있다) 장을 잡고 장첨을 앞으로 향하게 하는데 손목보다 약간 높다.

(7) 장자법

장을 수평으로 들거나 세워서 앞으로 내밀어 주는 것을 찌른다. 힘은 장의 장첨에 주고 팔과 장은 일직선을 이룬다. 평자장(平刺劍)은 장첨이 사람의 흉부와 같은 위치에 있고 상자장(上刺掌)은 장첨이 사람의 머리보다 조금 높다. 하자장(下刺掌)은 장첨이 사람의 무릎과 같은 위치에 있고, 탐자장(探刺掌)은 팔을 내측으로 돌리고 손바닥을 밖으로 향하게 하며 장은 사람의 어깨 위에서 앞으로 위로 찌른다.

(8) 장참법

장을 수평으로 들고 좌측으로 옆으로 내밀어 사람의 머리와 어깨 사이의 높이만큼 올려 주는데 힘은 장신에 준다.

(9) 장붕법

장을 세워 들고 팔목을 꺾어 주면서 장이 위로 향하게 한다. 팔목에서 힘을 주어 장봉에 닿게 한다.

(10) 장압법

장을 수평으로 들고 있다가 손바닥을 아래로 향하게 하며 눌러 준다. 장첨은 앞으로 향한다.

(11) 장절법

장신이 경사지게 위로 향하거나 아래로 향하는 것을 절(截: 자른다는 뜻)이라고 한다. 힘은 장신의 앞부분에 주며 상절장은 장을 위로 향하게 하고 하절장은 장을 아래로 향하게 한다.

(12) 장대법

장을 수평으로 하여 앞으로 왼쪽(오른쪽)으로 팔을 굽혀 장을 뽑는 것을 대장이라고 한다. 팔목은 흉부보다 높지 말아야 하며 장첨은 경사를 이루어 앞으로 향하며, 장신의 중부, 뒷부분에 힘을 주어야 한다.

(13) 장탁법

장을 세워서 들고 있다가 장을 수평 위치로 놓아두는데 손바닥은 아래로 향하고 손목과 머리가 같은 위치에 있고 장신의 중부에 힘을 준다.

(14) 장가법

장을 들었다가 손바닥을 밖으로 향하게 하고 아래에서 오른쪽 위로 움직인다. 장은 머리 위에 놓여 있으며 장신은 수평으로 놓여 있고 힘을 장에 준다.

(15) 장제법

장을 세워 들고 손바닥을 밖으로 향하게 하며 손목을 위로 추켜들어 머리와 같은 위치 혹은 조금 높게 들어 주고 장첨이 아래로 향하게 한다.

2) 양생풍류장 명칭

준비자세

제1식 선인채기세(仙人采氣勢)

제2식 탁양환주세(托梁換柱勢)

제3식 추산진해세(推山進海勢)

제4식 고안출군세(孤雁出群勢)

제5식 와룡장신세(臥龍藏身勢)

제6식 미녀인침세(美女紉針勢)

제7식 춘풍파류세(春風擺柳勢)

제8식 붕조비상세(鵬鳥飛上勢)

제9식 순수견양세(順手牽羊勢)

제10식 금계독립세(金鷄獨立勢)

제11식 순수추주세(順手推舟勢)

제12식 신구거정세(神龜擧鼎勢)

제13식 쌍룡희주세(雙龍戲珠勢)

제14식 낙화유수세(洛花流水勢)

제15식 순풍전타세(順風轉舵勢)

제16식 성동격서세(聲東擊西勢)

제17식 추창망월세(推窓望月勢)

제18식 기침단전세(氣沈丹田勢)

정리자세

3) 양생풍류장의 공법

준비자세

- 공법: 두 발을 모으고 선다. 몸은 자연스럽게 서고 머리와 목을 단정히 한다. 아래턱은 안으로 조금 거둬들이고 두 팔은 몸의 양옆에 늘어뜨린다. 가슴과 배는 편안하고 느슨하게 하고 정신을 집중하고 잡념을 없앤다. 호흡은 자연스럽게 하고 눈은 수평으로 앞을 본다.

주의사항

동작은 수삼음경, 수삼양경, 족삼음경, 족삼양경, 임맥과 독맥을 자극하도록 한다.
호흡은 승강법, 개합법, 굴신법의 3대 법칙에 따라야 한다.
의념은 노궁혈과 단전을 중심으로 하여야 한다.

묵념구호

고요하고 적막한 산중 바위에 홀로 앉아
동작은 부드럽게 호흡은 천천히 의념은 단전에
선무예 수련으로 선학 되어 창공을 날으리라

제1식 선인채기세

- 공법: 두 발을 모아 자연스럽게 서서 머리를 바로 한다. 양팔은 내리고 정신을 집중한다. 왼손을 하복부 앞을 지나 손을 서서히 위로 올려 머리 위를 호형을 그리며 내리며 단전 위에 손을 놓는다. 이어서 오른손도 왼쪽 방향으로 돌려 원을 그리며 왼손 위에 올려놓는다. 시선은 손을 따라간다.

제2식 탁양환주세

- 공법: 무릎을 약간 굽히며 몸은 45도 정도 좌로 향하며 양팔을 좌우로 벌려 기둥을 안듯이 오른쪽으로 몸을 돌려 어깨를 약간 뒤로 빼며 좌궁보세를 하며 왼손 밑으로 관수로 앞을 찌른다. 시선은 앞을 향한다.

제3식 추산진해세

- 공법: 관수를 서서히 위로 호를 그리며 동시에 좌수도 아래로 호를 그린다. 오른발을 우측으로 옮긴 후 구수를 만들어 우측으로 당기며 전신을 좌측으로 틀며 나팔꽃 피듯이 수장으로 민다. 좌수는 우수 밑에 둔다. 시선은 손을 향한다.

제4식 고안출군세

- 공법: 양수를 둥글게 당기며 우허보법을 하며 양수장을 위로 받들 듯이, 위를 향하여 올리듯 하며 우족을 좌측 후편으로 전환하며 좌헐보세법을 취하며 좌수는 하향하고 우관수를 나선형으로 위로 찌르듯이 한다. 시선은 손을 따른다.

제5식 와룡장신세

- 공법: 서서히 일어서며 우측으로 우족을 옮기며 양수로 각각 원을 그리며 헐보세를 하며 우측으로 수도를 비스듬하게 호형을 그리며 후려 내린다. 시선은 손을 따른다.

제6식 미녀인침세

- 공법: 일어서며 몸을 좌측 뒤로 돌려 우수에 손등을 좌수장에 친 후 우측으로 우수를 돌려 쳐올리듯이 하며 다시 돌려 관수를 눕혀서 앞을 찌른다. 시선은 손을 따른다.

제7식 춘풍파류세

- 공법: 우수도를 좌측으로 치며 좌수족이 나가며 좌수를 돌린 다음 우족이 나가며 우수를 안으로 감은 다음 수장을 앞으로 우궁보세법을 취하며 밀어내듯이 한다. 시선은 손을 향한다.

제8식 붕조비상세

- 공법: 우수를 약간 들어 올리며 우족이 한 발 나가며 몸을 돌린 다음 좌족을 후로 옮기며 몸을 돌려 준 후 우수를 돌려 장으로 압하며 자세를 취한다. 시선은 손을 본다.

제9식 순수견양세

- 공법: 전신을 좌로 향하며 수도로 팔자 형으로 돌리며 다시 손등으로 치며 다시 아래로 좌부보법 자세를 취하며 누르듯이 한 다음 다시 몸을 우향하며 누르듯이 한다. 시선은 외노궁에 둔다.

제10식 금계독립세

- 공법: 서서히 몸을 일으키며 좌측을 향하여 좌수는 앞을 향하고 우수는 어깨 위에 손을 둔다. 시선은 손에 둔다.

제11식 순수추주세

- 공법: 우수를 뒤로 돌리며 좌족이 나가며 이어 우족이 나가며 돌아서서 우궁보세에서 양수를 잡듯 쥐어짠다. 시선은 양수에 둔다.

제12식 신구거정세

- 공법: 좌측으로 몸을 서서히 돌리며 양수를 이마 앞쪽에 가볍게 앞으로 놓으며 이어서 양수를 주먹을 쥐며 뒤로 넘겨 어깨에 메듯이 한다. 시선은 앞을 향한다.

제13식 쌍룡희주세

- 공법: 이어 우족을 뒤로 하며 돌아 양수첨으로 앞을 찌른다. 시선은 손을 본다.

제14식 낙화유수세

- 공법: 좌측으로 몸을 돌리며 양팔을 좌우로 원을 그려 올리며 가슴 앞으로 양수장으로 마보세를 취하며 무릎을 누르듯이 한다. 시선은 양수에 둔다.

제15식 순풍전타세

- 공법: 서서히 손을 올려 우측으로 향하며 수도로 치듯이 하고 이어 좌측으로 수도를 치듯이 한다. 시선은 손에 둔다.

제16식 성동격서세

- 공법: 서서히 좌측을 향한 상태에서 우족을 앞을 향하여 수장을 우족등으로 가볍게 쳐올린다. 시선은 앞을 본다.

제17식 추창망월세

- 공법: 서서히 좌측으로 양손을 올려 우측으로 손을 돌리며 우족을 좌족 뒤로 나가며 헐보세를 취하며 포물선을 그린다. 시선은 양수에 둔다.

제18식 기침단전세

- 공법: 서서히 전환하며 우측을 향해 돌리며 양수를 크게 원을 그리며 손을 위로 올리며 다 엎어 서서히 손을 내리며 기침단전을 한다.

정리자세

　전 동작에 이어, 의념으로 기를 모아서 기해에 돌려보내 기를 왕성하게 해야 한다. 동작을 서서히 하고 온몸을 느슨하게 해야 한다. 마지막으로 두 손을 신체의 양측에 두고 발을 모으고 똑바로 선다. 즐거움을 얻은 심정으로 천천히 동작을 마친다.

제 8 장
양생풍류검(養生風流劍)의 기본 검법과 공법

1. 양생풍류검의 기본 검법

1) 검점법

팔을 자연스럽게 펴고 검을 세워서 든 후 손목을 움직여 검의 끝이 위에서부터 앞으로 아래로 点擊(점격)하는데 힘은 반드시 검첨 부분에 주어야 한다.

2) 검삭법

검을 평형으로 들고 있다가 반대쪽의 아래에서 자신의 흉부 앞을 지나 같은 쪽의 위로 경사지게 들어 준다. 검첨(劍尖)은 사람의 머리 위를 약간 초과해야 한다.

3) 검벽법

검을 세워서 들었다가 힘을 검신에 주어 위에서 아래로 내리친다. 掄劈劍(윤벽검)은 반드시 검을 한 바퀴 원형으로 돌린 다음 앞으로 아래로 내리친다.

4) 검란법

검을 세워 들었다가 팔을 안으로(밖으로) 돌려 왼쪽(오른쪽)의 아래에서 오른쪽(왼쪽)의 앞으로 경사지게 내밀어 주는데 검첨은 좌측(우측)의 앞으로(아래로) 향한다. 힘은 검의 앞 검인에 준다.

5) 검료법

검을 세워 들고 있다가 위에서부터 아래로 끌어내리는 것을 말하는데 힘을 검인의 앞부분에 주어야 한다. 정의 방향으로 요검하는 것은 자신 몸의 가까운 부위에서 팔을 밖으로 돌려 손바닥이 위로 향하게 하며, 역의 방향으로 요검하는 것은 자신의 몸의 가까운 부위에서 팔을 안으로 돌려 손바닥을 위로 향하게 한다.

6) 검봉법

두 손바닥을 위로 향하게 겹쳐서(왼손이 오른손의 아래에 있다) 검을 잡고 검첨을 앞으로 향하게 하는데 손목보다 약간 높다.

7) 검자법

검을 수평으로 들거나 세워서 앞으로 내밀어 주는 것을 찌른다. 힘은 검의 검첨에 주고 팔과 검은 일직선을 이룬다. 평자검(平刺劍)은 검첨이 사람의 흉부와 같은 위치에 있고 상자검(上刺劍)은 검첨이 사람의 머리보다 조금 높다. 하자검(下刺劍)은 검첨이 사람의 무릎과 같은 위치에 있다.

8) 검참법

검을 수평으로 들고 좌측으로 옆으로 내밀어 사람의 머리와 어깨 사이의 높이만큼 올려 주는데 힘은 검신에 준다.

9) 검붕법

검을 세워 들고 팔목을 꺾어 주면서 검이 위로 향하게 한다. 팔목에서 힘을 주어 검봉에 닿게 한다.

10) 검압법

검을 수평으로 들고 있다가 손바닥을 아래로 향하게 하며 눌러 준다. 검첨은 앞으로 향한다.

11) 검교법

검을 수평으로 들었다가 손바닥을 위로 향하게 하는데 돌리는 방향은 검첨이 손목 관절을 축으로 오른쪽에서 왼쪽으로 시계가 도는 반대방향으로 작은 원을 그려 준다. 힘은 검의 앞부분에 닿게 한다.

12) 검절법

검신이 경사지게 위로 향하거나 아래로 향하는 것을 절(截: 자른다는 뜻)이라고 한다. 힘은 검신의 앞부분에 주며 상절검은 검을 위로 향하게 하고 하절검은 검을 아래로 향하게 한다.

13) 검대법

검을 수평으로 쥐고 앞으로 왼쪽(오른쪽)으로 팔을 굽혀 검을 뽑는 것을 대검이라고 한다. 팔목은 흉부보다 높지 말아야 하며 검첨은 경사를 이루어 앞으로 향하며, 검신의 중부, 뒷부분에 힘을 주어야 한다.

14) 검탁법

검을 세워서 들고 있다가 검을 수평 위치로 놓아두는데 손바닥은 아래로 향하고 손목과 머리가 같은 위치에 있고 검신의 중부에 힘을 준다.

15) 검천법

검을 세워서 들었다가 검을 사람의 몸에 붙여 아래로 호의 방향으로 운동한다. 힘은 검첨에 닿게 한다.

16) 검가법

검을 세워서 들었다가 손바닥을 밖으로 향하게 하고 아래에서 오른쪽 위로 움직인다. 검은 머리 위에 놓여 있으며 검신은 수평으로 놓여 있고 힘을 검신에 준다.

17) 검소법

검을 수평으로 잡아 준 다음 좌(우)로 한 평면 위에서 움직이는데 그 움직임의 범위는 90도이고, 검의 위치는 허리 위를 초과하지 말아야 하며 힘은 검인에 준다.

18) 검말법

검을 수평으로 쥐어 주고 본인의 몸 앞에서 호선으로 한쪽에서 다른 한쪽으로 빙 돌려 검을 흉부와 복부의 사이에 놓는다. 힘은 검신에 준다.

19) 검추법

검신을 수직으로 세워 두고 검첨을 위로 향하게 하고 손바닥을 앞으로 향하게 하며 뒤에서부터 왼쪽 앞으로 밀어낸다. 힘은 검신의 중부에 둔다.

20) 검계법

검을 세워 두고 검첨을 앞에서 아래로 같은 쪽 혹은 다른 쪽으로 몸에 붙여 밀어 준다. 힘은 검신의 앞부분에 준다.

21) 검제법

검을 세워 들고 손바닥을 밖으로 향하게 하며 손목을 위로 추켜들어 머리와 같은 위치 혹은 조금 높게 들어 주고 검첨이 아래로 향하게 한다.

2. 양생풍류검의 공법

준비자세

- 공법: 두 발을 모으고 선다. 몸은 자연스럽게 서고 머리와 목을 단정히 한다. 아래턱은 안으로 조금 거둬들이고 두 팔은 몸의 양옆에 늘어뜨린다. 가슴과 배는 편안하고 느슨하게 하고 정신을 집중하고 잡념을 없앤다. 호흡은 자연스럽게 하고 눈은 수평으로 앞을 본다.

주의사항

동작은 수삼음경, 수삼양경, 족삼음경, 족삼양경, 임맥과 독맥을 자극하도록 한다.
호흡은 승강법, 개합법, 굴신법의 3대 법칙에 따라야 한다.
의념은 노궁혈과 단전을 중심으로 하여야 한다.

묵념구호

고요하고 적막한 산중 바위에 홀로 앉아
동작은 부드럽게 호흡은 천천히 의념은 단전에
선무예 수련으로 선학 되어 창공을 날으리라

제1식 선인채기세

- 공법: 검을 좌수로 잡고 두 발을 모아 자연스럽게 서서 머리를 바로 한다. 양팔은 내리고 정신을 집중한다. 왼손을 하복부 앞을 지나 손을 서서히 위로 올려 머리 위를 호형을 그리며 내리고 단전에 손을 놓는다. 이어서 오른손도 왼쪽 방향으로 돌려 원을 그리며 왼손 위에 올려놓는다. 시선은 손을 따라간다.

제2식 탁양환주세

- 공법: 무릎을 약간 굽히며 몸은 45도 정도 좌로 향하며 양팔을 좌우로 벌려 나무를 안듯이 하며 이어서 오른쪽으로 몸을 돌려 어깨를 뒤로 빼며 좌궁보세를 하며 왼손 아래로 관수로 앞을 찌른다. 시선은 앞을 향한다.

제3식 추산진해세

- 공법: 관수를 서서히 위로 호를 그리며 동시에 좌수도 아래로 호를 그린다. 오른발을 우측으로 옮긴 후 구수를 만들어 우측으로 당기며 전신을 좌측으로 틀며 나팔꽃 피듯이 수장으로 민다. 좌수는 우수 밑에 둔다. 시선은 손을 향한다.

제4식 고안출군세

- 공법: 양수를 둥글게 당기며 우허보법을 하며 양수장을 위로 받들듯이 위를 향하여 올리듯 하며 우수로 검을 잡고 우족을 좌측 후편으로 전환하며 좌헐보세법을 취하며 좌수는 하향하고 검을 나선형으로 위로 찌르듯이 한다. 시선은 검을 따른다.

제5식 와룡장신세

- 공법: 서서히 일어서며 우측으로 우족을 옮기며 양수로 각각 원을 그리며 헐보세를 하며 우측으로 검을 비스듬하게 호형을 그리며 후려 내린다. 시선은 손을 따라간다.

제6식 미녀인침세

- 공법: 일어서며 몸을 좌측 뒤로 돌려 우수에 손등을 좌수장에 친 후 우측으로 우수를 돌려 쳐올리듯이 하며 다시 돌려 검을 앞으로 찌른다. 시선은 손을 따른다.

제7식 춘풍파류세

- 공법: 검을 좌측으로 치며 좌수족이 나가며 좌수를 돌린 다음 우족이 나가며 검을 안으로 감은 다음 검을 앞으로 우궁보세법을 취하며 추검한다. 시선은 손을 향한다.

제8식 붕조비상세

- 공법: 검을 약간 들어 올리며 우족이 한 발 나가며 몸을 돌린 다음 좌족을 후로 옮기며 몸을 돌려 준 후 우수를 돌려 검병으로 압하며 자세를 취한다. 시선은 손을 본다.

제9식 순수견양세

- 공법: 전신을 좌로 향하며 검으로 팔자 형으로 돌리며 다시 손등으로 치며 다시 아래로 좌부보법 자세를 취하며 누르듯이 한 다음 다시 몸을 우향하며 누르듯이 한다. 시선은 검에 둔다.

제10식 금계독립세

- 공법: 서서히 몸을 일으키며 검을 우측으로 원형을 그리며 한 바퀴 돌린 다음 금계독립세를 취한다. 시선은 앞을 본다.

제11식 순수추주세

- 공법: 검을 뒤로 돌리며 좌족이 나가며 이어 우족이 나가며 돌아서서 우궁보세에서 검인을 45도 아래로 추검한다. 시선은 검인에 둔다.

제12식 신구거정세

- 공법: 좌측으로 몸을 서서히 돌리며 양수로 검을 이마 앞쪽에 가볍게 앞으로 놓으며 이어서 양수로 검을 쥐며 뒤로 넘겨 어깨에 메듯이 한다. 시선은 앞을 향한다.

제13식 쌍룡희주세

- 공법: 서서히 우족을 빼며 전환하며 양수로 검을 잡고 우측을 향하여 우궁보세로 밀어 찌른다. 시선은 검에 둔다.

제14식 낙화유수세

- 공법: 좌측으로 몸을 돌리며 양팔을 좌우로 원을 그려 올리며 가슴 앞으로 양수장으로 마보세를 취하며 무릎을 누르듯이 하며 검을 좌수로 바꿔 잡는다. 시선은 앞을 본다.

제15식 순풍전타세

- 공법: 서서히 손을 올려 우측으로 향하며 수도로 치듯이 하고 이어 좌측으로 수도를 치듯이 한다. 시선은 손에 둔다.

제16식 성동격서세

- 공법: 서서히 좌측을 향한 상태에서 우족을 앞을 향하여 수장을 우족등으로 가볍게 쳐올린다. 시선은 앞을 본다.

제17식 추창망월세

- 공법: 서서히 좌측으로 양손을 올려 우측으로 손을 돌리며 우족을 좌족 뒤로 나가며 헐보세를 취하며 양수를 포물선을 그린다. 시선은 양수에 둔다.

제18식 기침단전세

- 공법: 서서히 전환하며 우측을 향해 돌리며 양수를 크게 원을 그리며 손을 위로 올리며 다 엎어 서서히 손을 내리며 기침단전을 한다. 시선은 앞을 본다.

정리자세

전 동작에 이어, 의념으로 기를 모아서 기해에 돌려보내 기를 왕성하게 해야 한다. 동작을 서서히 하고 온몸을 느슨하게 해야 한다. 마지막으로 두 손을 신체의 양측에 두고 발을 모으고 똑바로 선다. 즐거움을 얻은 심정으로 천천히 동작을 마친다.

제 9 장

양생풍류봉(養生風流棒)의 기본 봉법과 공법

1. 양생풍류봉의 기본 봉법

1) 봉점법

팔을 자연스럽게 펴고 봉을 세워서 든 후 손목을 움직여 봉의 끝이 위에서부터 앞으로 아래로 点擊(점격)하는데 힘은 반드시 봉첨 부분에 주어야 한다.

2) 봉삭법

봉을 평형으로 들고 있다가 반대쪽의 아래에서 자신의 흉부 앞을 지나 같은 쪽의 위로 경사지게 들어 준다. 봉첨(棒尖)은 사람의 머리 위를 약간 초과해야 한다.

3) 봉벽법

봉을 세워서 들었다가 힘을 봉신에 주어 위에서 아래로 내리친다. 윤벽봉법은 반드시 봉을 한 바퀴 원형으로 돌린 다음 앞으로 아래로 내리친다.

4) 봉란법

봉을 세워 들었다가 팔을 안으로(밖으로) 돌려 왼쪽(오른쪽)의 아래에서 오른쪽(왼쪽)의 앞으로 경사지게 내밀어 주는데 봉첨은 좌측(우측)의 앞으로 아래로 향한다. 힘은 봉의 앞 봉인에 준다.

5) 봉료법

봉을 세워 들고 있다가 위에서부터 아래로 끌어내리는 것을 말하는데 힘을 봉인의 앞부분에 주어야 한다. 정의 방향으로 봉료법은 자신 몸의 가까운 부위에서 팔을 밖으로 돌려 손바닥이 위로 향하게 하며, 역의 방향으로 봉료하는 것은 자신의 몸의 가까운 부위에서 팔을 안으로 돌려 손바닥을 위로 향하게 한다.

6) 봉봉법

두 손바닥을 위로 향하게 겹쳐서(왼손이 오른손의 아래에 있다) 봉을 잡고 봉첨을 앞으로 향하게 하는데 손목보다 약간 높다.

7) 봉자법

봉을 수평으로 들거나 세워서 앞으로 내밀어 주는 것을 찌른다. 힘은 봉의 앞부분에 주고 팔과 봉은 일직선을 이룬다. 평자봉(平刺棒)은 봉첨이 사람의 흉부와 같은 위치에 있고 봉상자(棍上刺)법은 봉첨이 사람의 머리보다 조금 높다. 봉하자(棍下刺)법은 봉첨이 사람의 무릎과 같은 위치에 있다.

8) 봉참법

봉을 수평으로 들고 좌측으로 옆으로 내밀어 사람의 머리와 어깨 사이의 높이만큼 올려 주는데 힘은 봉신에 준다.

9) 봉붕법

봉을 세워 들고 팔목을 꺾어 주면서 봉이 위로 향하게 한다. 팔목에서 힘을 주어 봉봉에 닿게 한다.

10) 봉압법

봉을 수평으로 들고 있다가 손바닥을 아래로 향하게 하며 눌러 준다. 봉첨은 앞으로 향한다.

11) 봉교법

봉을 수평으로 들었다가 손바닥을 위로 향하게 하는데 돌리는 방향은 봉첨이 손목 관절을 축으로 오른쪽에서 왼쪽으로 시계가 도는 반대 방향으로 작은 원을 그려 준다. 힘은 봉의 앞부분에 닿게 한다.

12) 봉절법

봉신이 경사지게 위로 향하거나 아래로 향하는 것을 절(截: 자른다는 뜻)이라고 한다. 힘은 봉신의 앞부분에 주며 상절봉법은 봉을 위로 향하게 하고 하절봉법은 봉을 아래로 향하게 한다.

13) 봉대법

봉을 수평으로 쥐고 앞으로 왼쪽(오른쪽)으로 팔을 굽혀 봉을 뽑는 것을 봉대법이라고 한다. 팔목은 흉부보다 높지 말아야 하며 봉첨은 경사를 이루어 앞으로 향하며 봉신의 중부, 뒷부분에 힘을 주어야 한다.

14) 봉탁법

봉을 세워서 들고 있다가 봉을 수평 위치로 놓아두는데 손바닥은 아래로 향하고 손목과 머리가 같은 위치에 있고 봉신의 중부에 힘을 준다.

15) 봉천법

봉을 세워서 들었다가 봉을 사람의 몸에 붙여 아래로 호의 방향으로 운동한다. 힘은 봉첨에 닿게 한다.

16) 봉가법

봉을 세워서 들었다가 손바닥을 밖으로 향하게 하고 아래에서 오른쪽 위로 움직인다. 봉은 머리 위에 놓여 있으며 봉신은 수평으로 놓여 있고 힘을 봉신에 준다.

17) 봉소법

봉을 수평으로 잡아 준 다음 좌(우)로 한 평면 위에서 움직이는데 그 움직임의 범위는 90도 이고, 봉의 위치는 허리 위를 초과하지 말아야 하며 힘은 봉인에 준다.

18) 봉말법

봉을 수평으로 쥐어 주고 본인의 몸 앞에서 호선으로 한쪽에서 다른 한쪽으로 빙 돌려 봉을 흉부와 복부의 사이에 놓는다. 힘은 봉신에 준다.

19) 봉추법

　봉신을 수직으로 세워 두고 봉첨을 위로 향하게 하고 손바닥을 앞으로 향하게 하며 뒤에서부터 왼쪽 앞으로 밀어낸다. 힘은 봉신의 중부에 둔다.

20) 봉계법

　봉을 세워 두고 봉첨을 앞에서 아래로 같은 쪽 혹은 다른 쪽으로 몸에 붙여 밀어 준다. 힘은 봉신의 앞부분에 준다.

21) 봉제법

　봉을 세워 들고 손바닥을 밖으로 향하게 하며 손목을 위로 추켜들어 머리와 같은 위치 혹은 조금 높게 들어 주고 봉첨이 아래로 향하게 한다.

2. 양생풍류봉의 공법

준비자세

- 공법: 두 발을 모으고 선다. 몸은 자연스럽게 서고 머리와 목을 단정히 한다. 아래턱은 안으로 조금 거둬들이고 두 팔은 몸의 양옆에 늘어뜨린다. 가슴과 배는 편안하고 느슨하게 하고 정신을 집중하고 잡념을 없앤다. 호흡은 자연스럽게 하고 눈은 수평으로 앞을 본다.

주의사항

동작은 수삼음경, 수삼양경, 족삼음경, 족삼양경, 임맥과 독맥을 자극하도록 한다.
호흡은 승강법, 개합법, 굴신법의 3대 법칙에 따라야 한다.
의념은 노궁혈과 단전을 중심으로 하여야 한다.

묵념구호

고요하고 적막한 산중 바위에 홀로 앉아
동작은 부드럽게 호흡은 천천히 의념은 단전에
선무예 수련으로 선학 되어 창공을 날으리라

제1식 선인채기세

- 공법: 봉을 좌수로 잡고 두 발로 모아 자연스럽게 서서 머리를 바로 한다. 양팔은 내리고 정신을 집중한다. 왼손을 하복부 앞을 지나 손을 서서히 위로 올려 머리 위를 호형을 그리며 내리며 단전 위에 손을 놓는다. 이어서 오른손도 왼쪽 방향으로 돌려 원을 그리며 왼손 위에 올려놓는다. 시선은 손을 따라간다.

제2식 탁양환주세

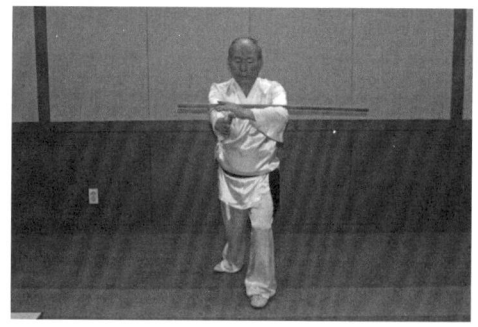

- 공법: 무릎을 약간 굽히며 몸은 45도 정도 좌로 향하며 양팔을 좌우로 벌려 나무를 안듯이 하며 이어서 오른쪽으로 몸을 돌려 어깨를 약간 뒤로 빼며 좌궁보세를 하며 왼손 밑으로 관수로 앞을 찌른다. 시선은 앞을 향한다.

제3식 추산진해세

- 공법: 관수를 서서히 위로 호를 그리며 동시에 좌수도 아래로 호를 그린다. 오른발을 우측으로 옮긴 후 구수를 만들어 우측으로 당기며 전신을 좌측으로 틀며 나팔꽃 피듯이 수장으로 민다. 좌수는 우수 밑에 둔다. 시선은 손을 향한다.

제4식 고안출군세

- 공법: 양수를 둥글게 당기며 우허보법을 하며 양수장을 위로 받들듯이 위를 향하여 올리듯 하며 우족을 좌측 후편으로 전환하며 좌헐보세법을 취하며 좌수는 아래로 장을 나선형으로 위로 찌른다. 시선은 손을 본다.

제5식 와룡장신세

- 공법: 서서히 일어서며 우측으로 우족을 옮기며 양수로 각각 원을 그리며 헐보세를 하며 우측으로 장을 비스듬하게 호형을 그리며 후려 내린다. 시선은 손을 따라간다.

제6식 미녀인침세

- 공법: 일어서며 몸을 좌측 뒤로 돌려 우수에 손등을 좌수장에 친 후 우측으로 우수를 돌려 처올리듯이 하며 다시 돌려 관수를 눕혀서 앞을 찌른다. 시선은 손을 따른다.

제7식 춘풍파류세

- 공법: 우수도를 좌측으로 치며 좌수족이 나가며 좌수를 돌린 다음 우족이 나가며 우수를 안으로 감은 다음 수장을 앞으로 우궁보세법을 취하며 밀어내듯이 한다. 시선은 손을 향한다.

제8식 붕조비상세

- 공법: 우수를 약간 들어 올리며 우족이 한 발 나가며 몸을 돌린 다음 좌족을 후로 옮기며 몸을 돌려 준 후 우수를 돌려 장근으로 압하며 자세를 취한다. 시선은 손을 본다.

제9식 순수견양세

- 공법: 전신을 좌로 향하며 수도로 팔자 형으로 돌리며 다시 손등으로 치며 다시 아래로 좌부보법 자세를 취하며 누르듯이 한 다음 다시 몸을 우향하며 누르듯이 한다. 시선은 외노궁에 둔다.

제10식 금계독립세

- 공법: 서서히 몸을 일으키며 장을 우측으로 원형을 그리며 한 바퀴 돌린 다음 금계독립세를 취한다. 시선은 앞을 본다.

제11식 순수추주세

- 공법: 우수를 뒤로 돌리며 좌족이 나가며 이어 우족이 나가며 돌아서서 우궁보세에서 장을 양수로 아래로 밀어낸다. 시선은 양수에 둔다.

제12식 신구거정세

- 공법: 좌측으로 몸을 서서히 돌리며 장을 이마 앞쪽에 가볍게 앞으로 놓으며 이어서 양수로 장을 뒤로 넘겨 어깨에 멘다. 시선은 앞을 향한다.

제13식 쌍룡희주세

- 공법: 서서히 우족을 빼며 전환하며 장첨으로 우측을 향하여 우궁보세로 밀어 찌른다.

제14식 낙화유수세

- 공법: 좌측으로 몸을 돌리며 양팔을 좌우로 원을 그려 올리며 가슴 앞으로 양수장으로 마보세를 취하며 무릎을 누르듯이 한 다음 좌수로 장을 잡는다. 시선은 양수에 둔다.

제15식 순풍전타세

- 공법: 서서히 손을 올려 우측으로 향하며 수도로 치듯이 하고 이어 좌측으로 수도를 치듯이 한다. 시선은 손에 둔다.

제16식 성동격서세

- 공법: 서서히 좌측을 향한 상태에서 우족을 앞을 향하여 수장을 우족등으로 가볍게 쳐올린다. 시선은 앞을 본다.

제17식 추창망월세

- 공법: 서서히 좌측으로 양손을 올려 우측으로 손을 돌리며 우족을 좌족 뒤로 나가며 헐보세를 하며 양수는 포물선을 그린다. 시선은 손에 둔다.

제18식 기침단전세

- 공법: 서서히 전환하며 우측을 향해 돌리며 양수를 크게 원을 그리며 손을 위로 올리며 다 엎어 서서히 손을 내리며 기침단전을 한다.

정리자세

전 동작에 이어, 의념으로 기를 모아서 기해에 돌려보내 기를 왕성하게 해야 한다. 동작을 서서히 하고 온몸을 느슨하게 해야 한다. 마지막으로 두 손을 신체의 양측에 두고 발을 모으고 똑바로 선다. 즐거움을 얻은 심정으로 천천히 동작을 마친다.

제10장

양생풍류선(養生風流扇)의 기본 선법과 공법

1. 양생풍류선의 기본 선법

1) 선자법

선을 수평으로 들거나 세워서 앞으로 내밀어 주는 것을 찌른다. 힘은 선의 앞부분에 주고 팔과 봉은 일직선을 이룬다. 바로 찌르는 것은 선첨이 사람의 흉부와 같은 위치에 있게 한다.

2) 선삭법

선을 평형으로 들고 있다가 반대쪽의 아래에서 자신의 흉부 앞을 지나 같은 쪽의 위로 경사지게 들어준다. 선첨(扇尖)은 사람의 머리 위를 약간 초과해야 한다.

3) 선벽법

선을 세워서 들었다가 힘을 선신에 주어 위에서 아래로 내리친다. 윤벽선법은 반드시 선을 한 바퀴 원형으로 돌린 다음 앞으로 아래로 내리친다.

4) 선란법

선을 세워 들었다가 팔을 안으로(밖으로) 돌려 왼쪽(오른쪽)의 아래에서 오른쪽(왼쪽)의 앞으로 경사지게 내밀어 주는데 선첨은 좌측(우측)의 앞으로(아래로) 향한다. 힘은 선의 앞 선인에 준다.

5) 선료법

선을 세워 들고 있다가 위에서부터 아래로 끌어내리는 것을 말하는데 힘을 선인의 앞부분에 주어야 한다. 정의 방향으로 선료법은 자신 몸의 가까운 부위에서 팔을 밖으로 돌려 손바닥이 위로 향하게 하며, 역의 방향으로 선료하는 것은 자신의 몸의 가까운 부위에서 팔을 안으로 돌려 손바닥을 위로 향하게 한다.

6) 선봉법

두 손바닥을 위로 향하게 겹쳐서 선을 잡고 선첨을 앞으로 향하게 하는데 손목보다 약간 높다.

7) 선점법

팔을 자연스럽게 펴고 선을 세워서 든 후 손목을 움직여 선의 끝이 위에서부터 앞으로 아래로 점격하는데 힘은 반드시 선첨 부분에 주어야 한다.

8) 선참법

선을 수평으로 들고 좌측으로 옆으로 내밀어 사람의 머리와 어깨 사이의 높이만큼 올려 주는데 힘은 선신에 준다.

9) 선붕법

선을 세워 들고 팔목을 꺾어 주면서 선이 위로 향하게 한다. 팔목에서 힘을 주어 선봉에 닿게 한다.

10) 선압법

선을 수평으로 들고 있다가 손바닥을 아래로 향하게 하며 눌러 준다. 선첨은 앞으로 향한다.

11) 선교법

선을 수평으로 들었다가 손바닥을 위로 향하게 하는데 돌리는 방향은 선첨이 손목 관절을 축으로 오른쪽에서 왼쪽으로 시계가 도는 반대 방향으로 작은 원을 그려 준다. 힘은 선의 앞부분에 닿게 한다.

12) 선절법

선신이 경사지게 위로 향하거나 아래로 향하는 것을 절(截: 자른다는 뜻)이라고 한다. 힘은 선신의 앞부분에 준다.

13) 선대법

선을 수평으로 쥐고 앞으로 왼쪽(오른쪽)으로 팔을 굽혀 선을 뽑는 것을 선대법이라고 한다. 팔목은 흉부보다 높지 말아야 하며 선첨은 경사를 이루어 앞으로 향하며, 선신의 중부, 뒷부분에 힘을 주어야 한다.

14) 선탁법

선을 세워서 들고 있다가 선을 수평 위치로 놓아두는데 손바닥은 아래로 향하고 손목과 머리가 같은 위치에 있고 선신의 중부에 힘을 준다.

15) 선천법

선을 세워서 들었다가 선을 사람의 몸에 붙여 아래로 호의 방향으로 움직인다. 힘은 선첨에 닿게 한다.

16) 선가법

선을 세워서 들었다가 손바닥을 밖으로 향하게 하고 아래에서 오른쪽 위로 움직인다. 선은 머리 위에 놓여 있으며 선신은 수평으로 놓여 있고 힘을 선신에 준다.

17) 선소법

선을 수평으로 잡아 준 다음 좌(우)로 한 평면 위에서 움직이는데 그 움직임의 범위는 90도고, 선의 위치는 허리 위를 초과하지 말아야 하며 힘은 선인에 준다.

18) 선말법

선을 수평으로 쥐어 주고 본인의 몸 앞에서 호선으로 한쪽에서 다른 한쪽으로 빙 돌려 선을 흉부와 복부의 사이에 놓는다. 힘은 선신에 준다.

19) 선추법

선신을 수직으로 세워 두고 선첨을 위로 향하게 하고 손바닥을 앞으로 향하게 하며 뒤에서부터 왼쪽 앞으로 밀어낸다. 힘은 선신의 중간에 둔다.

* 유튜브 선무예편 풍류선 참조

2. 양생풍류선의 공법

준비자세

- 공법: 두 발을 모으고 선다. 몸은 자연스럽게 서고 머리와 목을 단정히 한다. 아래턱은 안으로 조금 거둬들이고 두 팔은 몸의 양옆에 늘어뜨린다. 가슴과 배는 편안하고 느슨하게 하고 정신을 집중하고 잡념을 없앤다. 이어 우수를 서서히 전중 앞에 올린다.

주의사항

동작은 수삼음경, 수삼양경, 족삼음경, 족삼양경, 임맥과 독맥을 자극하도록 한다.
호흡은 승강법, 개합법, 굴신법의 3대 법칙에 따라야 한다.
의념은 노궁혈과 단전을 중심으로 하여야 한다.

묵념구호

고요하고 적막한 산중 바위에 홀로 앉아
동작은 부드럽게 호흡은 천천히 의념은 단전에
선무에 수련으로 선학 되어 창공을 날으리라

제1식 선인채기세

1) 공법: 채기 후 우수로 바꿔 잡고 선벽을 준비한다.
2) 호흡: 자연 호흡을 한다.
3) 의념: 하단전에 중점을 둔다.

제2식 우궁세 선벽법

1) 공법: 우수로 부채를 잡고 선벽법을 한다.
2) 호흡: 선벽을 하기 전 흡기를 하고 행할 시 호기를 한다.
3) 의념: 선벽 시에 단전에 중점을 둔다.

제3식 좌궁세 선요법

1) 공법: 우족을 퇴보하며 선요법을 행한다.
2) 호흡: 후퇴 시에 흡기하며 선법을 행할 시 호기한다.
3) 의념: 후퇴 시에 단전에 중점을 둔다.

제4식 횡보세 선점법

1) 공법: 이어서 옆으로 일보 하며 선점법을 한다.
2) 호흡: 흡기에 이어 호기를 한다.
3) 의념: 우수 노궁혈에 중점을 둔다.

제5식 좌궁세 선벽법

1) 공법: 좌수로 부채를 잡고 선벽법을 한다.
2) 호흡: 선법을 행할 시 흡기에 이어 호기를 한다.
3) 의념: 좌수 노궁혈에 중점을 둔다.

제6식 우허세 선란법

1) 공법: 일보 후퇴와 동시에 선란법을 행한다.
2) 호흡: 흡기를 하고 선법과 동시에 호기한다.
3) 의념: 좌수 노궁혈에 중점을 둔다.

제7식 차형세 선절법

1) 공법: 이어서 후퇴와 동시에 선절법을 한다.
2) 호흡: 후퇴 시에 흡기를 하고 선법 행할 시 호기를 한다.
3) 의념: 후퇴 시에 명문혈에 중점을 둔다.

제8식 우궁세 하개선법

1) 공법: 전신하며 선하벽과 동시에 개선을 한다.
2) 호흡: 전신 시에 흡기를 하고 선법 시에 호기한다.
3) 의념: 우수 노궁혈에 중점을 둔다.

제9식 좌형세 선운법

1) 공법: 전환하며 부채를 머리 위로 선운법을 행한다.
2) 호흡: 양팔을 벌릴 시 흡기하고 모을 시 호기한다.
3) 의념: 단전에 중점을 둔다.

제10식 우궁세 선삭법

1) 공법: 이어서 우궁세 선삭법을 한다.
2) 호흡: 흡기를 한 다음 호기를 한다.
3) 의념: 노궁에 중점을 둔다.

제11식 독립세 견립세

1) 공법: 독립세에서 견립선법을 한다.
2) 호흡: 행법 전 흡기를 하고 행법 시 호기를 한다.
3) 의념: 우수 노궁혈에 중점을 둔다.

제12식 우궁세 선말법

1) 공법: 부채를 하향하여 좌수를 우수 손목에 붙여 전신한다.
2) 호흡: 몸을 숙일 때 흡기하고 행법 시 호기한다.
3) 의념: 하단전에 중점을 둔다.

제13식 차형세 선참법

1) 공법: 이어서 차형세 선참법을 행한다.
2) 호흡: 흡기에 이어 호기를 한다.
3) 의념: 단전에 중점을 둔다.

제14식 허형세 선봉법

1) 공법: 이어서 선봉법을 한다.
2) 호흡: 흡기에 이어 호기를 한다.
3) 의념: 양수 노궁혈에 둔다.

제15식 우궁세 선탁법

1) 공법: 전환하며 선탁법을 행한다.
2) 호흡: 흡기에 이어 호기를 한다.
3) 의념: 전신 시에 명문혈에 중점을 둔다.

제16식 좌형세 선압법

1) 공법: 이어서 좌우로 선압법을 행한다.
2) 호흡: 흡기에 이어 호기를 한다.
3) 의념: 단전에 중점을 둔다.

제17식 우형세 선개법

1) 공법: 전환하며 선개법을 행한다.
2) 호흡: 흡기에 이어 호기를 한다.
3) 의념: 전신 시에 명문혈에 중점을 둔다.

제18식 좌형세 선가법

1) 공법: 헐형세를 하며 선가법을 행한다.
2) 호흡: 흡기에 이어 호기를 한다.
3) 의념: 단전에 중점을 둔다.

정리자세

전 동작에 이어, 의념으로 기를 모아서 기해에 돌려보내 기를 왕성하게 해야 한다. 동작을 서서히 하고 온몸을 느슨하게 해야 한다. 마지막으로 두 손을 신체의 양측에 두고 발을 모으고 똑바로 선다. 즐거움을 얻은 심정으로 천천히 동작을 마친다. 이어 우수를 서서히 전중 앞에 올린다.

제11장
양생풍류곤(養生風流棍, 또는 우산)의 기본 곤법과 공법

1. 양생풍류곤의 기본 곤법

1) 곤점법

팔을 자연스럽게 펴고 봉을 세워서 든 후 손목을 움직여 곤의 끝이 위에서부터 앞으로 아래로 点擊(점격)하는데 힘은 반드시 봉첨 부분에 주어야 한다.

2) 곤삭법

곤을 평형으로 들고 있다가 반대쪽의 아래에서 자신의 흉부 앞을 지나 같은 쪽의 위로 들어준다. 곤첨은 사람의 머리 위를 약간 초과해야 한다.

3) 곤벽법

곤을 세워서 들었다가 힘을 곤신에 주어 위에서 아래로 내리친다. 윤벽곤법은 반드시 곤을 한 바퀴 원형으로 돌린 다음 앞으로 아래로 내리친다.

4) 곤란법

곤을 세워 들었다가 팔을 안으로(밖으로) 돌려 왼쪽(오른쪽)의 아래에서 오른쪽(왼쪽)의 앞으로 경사지게 내밀어 주는데, 곤첨은 좌측(우측)의 앞으로, 아래로 향한다. 힘은 곤의 앞 봉인에 준다.

5) 곤료법

곤을 세워 들고 있다가 위에서부터 아래로 끌어내리는 것을 말하는데 힘을 곤인의 앞부분에 주어야 한다. 정의 방향으로 곤료법은 자신 몸의 가까운 부위에서 팔을 밖으로 돌려 손바닥이 위로 향하게 하며, 역의 방향으로 곤료하는 것은 자신의 몸의 가까운 부위에서 팔을 안으로 돌려 손바닥을 위로 향하게 한다.

6) 곤봉법

두 손바닥을 위로 향하게 겹쳐서(왼손이 오른손의 아래에 있다) 곤을 잡고 곤첨을 앞으로 향하게 하는데 손목보다 약간 높다.

7) 곤자법

곤을 수평으로 들거나 세워서 앞으로 내밀어 주는 것을 찌른다. 힘은 곤의 앞부분에 주고 팔과 곤은 일직선을 이룬다. 평자봉(平刺棍)은 곤첨이 사람의 흉부와 같은 위치에 있고 곤상자(棍上刺)법은 곤첨이 사람의 머리보다 높다. 곤하자(棍下刺)법은 곤첨이 사람의 무릎과 같은 위치에 있다.

8) 곤참법

곤을 수평으로 들고 좌측으로 옆으로 내밀어 사람의 머리와 어깨 사이의 높이만큼 올려 주는데 힘은 곤신에 준다.

9) 곤붕법

곤을 세워 들고 팔목을 꺾어 주면서 곤이 위로 향하게 한다. 팔목에서 힘을 주어 곤봉에 닿게 한다.

10) 곤압법

곤을 수평으로 들고 있다가 손바닥을 아래로 향하게 하며 눌러 준다. 곤첨은 앞으로 향한다.

11) 곤교법

곤을 수평으로 들었다가 손바닥을 위로 향하게 한다. 돌리는 방향은 곤첨이 손목 관절을 축으로 오른쪽에서 왼쪽으로 시계가 도는 반대방향으로 작은 원을 그려 준다. 힘은 곤의 앞부분에 닿게 한다.

12) 곤절법

곤신이 경사지게 위로 향하거나 아래로 향하는 것을 절(截)이라고 한다. 힘은 곤신의 앞부분에 준다.

13) 곤대법

곤을 수평으로 쥐고 앞으로 왼쪽(오른쪽)으로 팔을 굽혀 선을 뽑는 것을 곤대법이라고 한다. 팔목은 흉부보다 높지 말아야 하며 곤첨은 경사를 이루어 앞으로 향하며 곤신의 중부, 뒷부분에 힘을 주어야 한다.

14) 곤탁법

곤을 세워서 들고 있다가 곤을 수평 위치로 놓아두는데 손바닥은 아래로 향하고 손목과 머리가 같은 위치에 있고 곤신의 중부에 힘을 준다.

15) 곤천법

곤을 세워서 들었다가 곤을 사람의 몸에 붙여 아래로 호의 방향으로 움직인다. 힘은 곤첨에 닿게 한다.

16) 곤가법

곤을 세워서 들었다가 손바닥을 밖으로 향하게 하고 아래에서 오른쪽 위로 움직인다. 곤은 머리 위에 놓여 있으며 곤신은 수평으로 놓여 있고 힘을 곤신에 준다.

17) 곤소법

곤을 수평으로 잡아 준 다음 좌(우)로 한 평면 위에서 움직이는데 그 움직임의 범위는 90도 이고, 곤의 위치는 허리 위를 초과하지 말아야 하며 힘은 곤인에 준다.

18) 곤말법

곤을 수평으로 쥐어 주고 본인의 몸 앞에서 호선으로 한쪽에서 다른 한쪽으로 빙 돌려 곤을 흉부와 복부의 사이에 놓는다. 힘은 곤신에 준다.

* 유튜브 선무예 동영상 참조

2. 양생풍류곤의 공법

준비자세

- 공법: 두 발을 모으고 선다. 몸은 자연스럽게 서고 머리와 목을 단정히 한다. 아래턱은 안으로 조금 거둬들이고 두 팔은 몸의 양옆에 늘어뜨린다. 가슴과 배는 편안하고 느슨하게 하고 정신을 집중하고 잡념을 없앤다. 호흡은 자연스럽게 하고 눈은 수평으로 앞을 본다.

주의사항

동작은 수삼음경, 수삼양경, 족삼음경, 족삼양경, 임맥과 독맥을 자극하도록 한다.
호흡은 승강법, 개합법, 굴신법의 3대 법칙에 따라야 한다.
의념은 노궁혈과 단전을 중심으로 하여야 한다.

묵념구호

고요하고 적막한 산중 바위에 홀로 앉아
동작은 부드럽게 호흡은 천천히 의념은 단전에
선무예 수련으로 선학 되어 창공을 날으리라

제1식 선인채기세

1) 공법: 우수를 들어 원형을 그린다.
2) 호흡: 우수를 올릴 시에 흡기를 한다.
3) 의념: 우수 노궁혈에 중점을 둔다.

제2식 좌형세 곤운법

1) 공법: 양수를 들어 좌우로 벌여 원형을 그린다.
2) 호흡: 양수 벌릴 시 흡기하고 내릴 시 호기한다.
3) 의념: 하단전에 중점을 둔다.

제3식 우궁세 곤벽법

1) 공법: 우측으로 일 보 나가며 곤벽법을 한다.
2) 호흡: 동작 전 흡기하고 이어 호기한다.
3) 의념: 우수 노궁혈에 중점을 둔다.

제4식 허형세 곤요법

1) 공법: 곤을 뒤로 돌리며 곤요법을 한다.
2) 호흡: 올릴 시 흡기하며 내릴 시 호기한다.
3) 의념: 하단전에 중점을 둔다.

제5식 혈형세 곤절법

1) 공법: 혈형세를 하며 곤절법을 한다.
2) 호흡: 흡기를 하며 호기를 한다.
3) 의념: 우수 노궁혈에 중점을 둔다.

제6식 좌궁세 곤가법

1) 공법: 이어서 손 들어 곤가법을 한다.
2) 호흡: 손을 올릴 시 흡기하며 행할 시 호기한다.
3) 의념: 우수 노궁혈에 중점을 둔다.

제7식 평형세 곤추법

1) 공법: 평형세를 하며 곤추법을 한다.
2) 호흡: 흡기를 하며 호기를 한다.
3) 의념: 우수 노궁혈에 중점을 둔다.

제8식 평형세 곤대법

1) 공법: 전신하며 양수로 곤대법을 상하로 한다.
2) 호흡: 흡기하며 행할 시 호기한다.
3) 의념: 하단전에 중점을 둔다.

제9식 곤봉법

1) 공법: 전환하며 곤봉법을 행한다.
2) 호흡: 흡기에 이어 호기한다.
3) 의념: 우수 노궁혈에 중점을 둔다.

제10식 좌궁세 곤탁법

1) 공법: 좌세를 하며 곤탁법을 행한다.
2) 호흡: 흡기에 이어 호기한다.
3) 의념: 우수 노궁혈에 중점을 둔다.

제11식 독립세 봉천법

1) 공법: 독립세를 하며 곤천법을 행한다.
2) 호흡: 흡기에 이어 호기한다.
3) 의념: 우수 노궁혈에 중점을 둔다.

제12식 우궁세 곤자법

1) 공법: 우궁세를 하며 곤자법을 행한다.
2) 호흡: 흡기에 이어 호기한다.
3) 의념: 우수 노궁혈에 중점을 둔다.

제13식 우궁세 곤삭법

1) 공법: 우궁세를 하며 곤삭법을 행한다.
2) 호흡: 흡기에 이어 호기한다.
3) 의념: 우수 노궁혈에 중점을 둔다.

제14식 우궁세 곤참법

1) 공법: 우궁세를 하며 곤참법을 행한다.
2) 호흡: 흡기에 이어 호기한다.
3) 의념: 우수 노궁혈에 중점을 둔다.

제15식 우궁세 곤소법

1) 공법: 우궁세를 하며 곤소법을 행한다.
2) 호흡: 흡기에 이어 호기한다.
3) 의념: 우수 노궁혈에 중점을 둔다.

제16식 우궁세 곤란법

1) 공법: 우궁세를 하며 곤란법을 행한다.
2) 호흡: 흡기에 이어 호기한다.
3) 의념: 우수 노궁혈에 중점을 둔다.

제17식 독립세 곤제법

1) 공법: 독립세를 하며 곤제법을 행한다.

2) 호흡: 흡기에 이어 호기한다.

3) 의념: 우수 노궁혈에 중점을 둔다.

제18식 평보 곤말법

1) 공법: 좌궁세를 하며 곤말법을 행한다.

2) 호흡: 흡기에 이어 호기한다.

3) 의념: 우수 노궁혈에 중점을 둔다.

정리자세

　전 동작에 이어, 의념으로 기를 모아서 기해에 돌려보내 기를 왕성하게 해야 한다. 동작을 서서히 하고 온몸을 느슨하게 해야 한다. 마지막으로 두 손을 신체의 양측에 두고 발을 모으고 똑바로 선다. 즐거움을 얻은 심정으로 천천히 동작을 마친다.

지나온 발자취를 돌아보며

1. 무예 입문 동기와 수련과정

무예를 시작한 지 60여 년 흘러간 세월의 무상함을 새삼 느낀다. 어느덧 80이 넘었으니 이를 어쩌랴. 현실인 것을 알면서 몇 년 전 원고를 탈고하면서 '이것이 마지막이야' 했지만 또 미덥지 못한 마음에 원고를 또 봐야 하니 안타깝기만 하다.

1957년 서울사범학교 병설중학교에 다니며 보이스카우트 단원이 되어 활동하면서 신라 시대의 화랑도들과 고구려의 조의선인들의 덕목과 무예 수련에 관하여 교육을 받으면서 관심을 갖게 되었다.

1958년 중학교 보이스카우트 활동

1994년 10월 백두산에서

1960년도에 고등학교에 입학하면서 본격적으로 무예 수련을 시작하려고 여러 도장을 다니면서 합기도를 지도받기도 하고 학교에선 유도 등을 배우고 졸업 후에 체육 지도자가 되기 위하여 1964년도에 한양대학교 체육대학에 입학하여 낮에는 학업에 충실하고 저녁에는 도장에서 사범으로 활동을 하게 되었다. 대학 재학 중에 유도선수가 되기를 권유받았으나 거부하고 합기도에 매진하였다.

1964년 대학에 다니던 도중 한일 비준 반대로 시위가 벌어져 전국 대학에 휴교령이 내려 뜻하지 않게 지방으로 순회 지도를 하게 되었다. 전라북도 전주를 시작으로 전라남도 광주로 이어 제주도로, 부산으로 건너와 지도하다가 대구로 가게 되어 지도하였다.

1966년경 항시 무예 수련에 목말라하던 차에 고 장인목(張寅穆, 1915-2004) 선생을 만나게 되어 대동류 합기유술(大東流 合氣柔術)을 지도받을 수 있게 되었다. 대동류 유술은 일본 아이키도의 모체라고 알려져 있다. 고 장인목(張寅穆) 선생은 일본 홋카이도 삿포로에 거주하면서 8년간의 수련 끝에 비전목록을 받게 되어 해방과 더불어 귀국하여 대구에서 후진들을 양성하였다.

대동류 유술은 창시자가 신라삼랑 원의광(新羅三郎 原義光)으로서 자신을 스스로 신라인이라고 자부하였다. '신라'라는 문자에서 흥미를 느껴 내력을 연구해 보기도 하였다.

그 후 2002년 고 장 선생으로부터 계승자로 대를 이어 받고 비전목록을 본인이 소장하고 있다. 비전목록은 4m 정도의 길이로 두루마리 형태로 되어 있다.

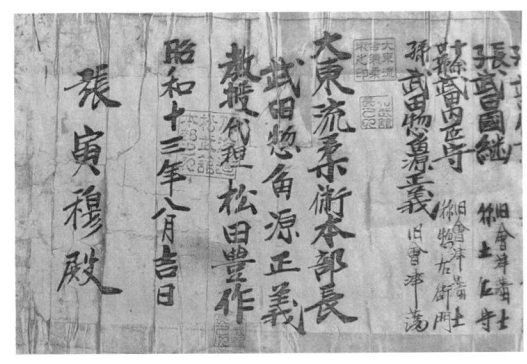

비전목록 뒷부분

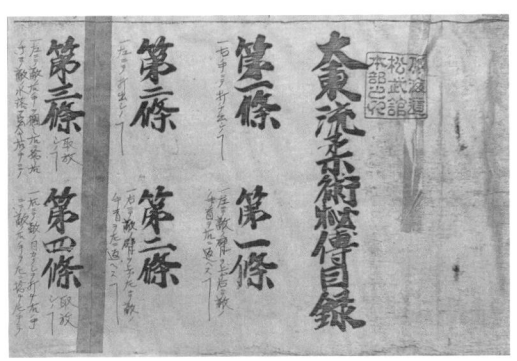

비전목록 앞부분

수년간 대구, 경북 지역에서 활동하고 60년 말경에 상경하여 을지로4가에 도장을 개설하여 후진 양성에 힘을 쏟았다. 마침 1975년 영국무술협회에서 초청을 받아 영국에서 무술 지도를 하며 중국과 일본 무도인들과 교류를 하여 동양무예에 한층 더 관심을 갖게 되었다.

중국, 일본 무예인들과의 교류는 나에게 깊은 인상을 남겨 주어 늦게나마 공부를 더 하여야

겠다는 결심을 하게 되었다. 고심 끝에 귀국하여 1977년 명지대학교 대학원 체육학과에 입학하여 무예 수련과 무예사, 무예원리, 체육생리학, 해부학 등 학문 연구에 힘을 쏟게 되었다.

1979년에 석사 과정을 마치고 여러 대학의 강사 생활을 하며 무예 연구에 몰두하였다. 1980년도에 명지대학교에서 체육학과 교수 초빙이 있어 응모한 결과 어려운 난관을 거쳐 드디어 전임교수가 되었다.

1981년도 3월에 명지대학교 체육학과 교수로 부임하면서 무예 연구는 한층 본격화되었다. 평소 이상적인 전통무예를 생각하고 있던 와중, '옛 무예인들의 사상은 어떤가?', '또 어떻게 동작을 표현했을까?' 항시 궁금하였다. 중국 본토의 무술을 연구해 볼 필요가 있었다. 1981년 가을 대만 무술대회에 초청을 받아 대회에 참여하게 되어 중국 본토 무술에 관심을 한층 더 갖게 되었다.

1986년 봄에 일본 도쿄대학 아이키도(合氣道)부가 한국을 방문하게 되었는데 한국의 대학 중에 합기도를 하는 대학이 명지대학교뿐이어서 방문하게 되어 본 대학 강당에서 교류대회를 하게 되었다. 그 이후로 본 대학에서도 일본을 자주 방문하게 되며 교류에 힘쓰게 되었다. 이것을 계기로 일본 아이키도에 관심을 갖게 되었고 특히 인솔자이신 고 다나카 시게호(田中 茂穂, 1928-2022) 선생은 일본 아이키도계의 최고단자로 훌륭한 인품을 갖고 계시었다. 다나카 선생은 도쿄대학 아이키도 사범으로 근무하시고, 일본 황실에서 운영하는 메이지신궁 지성관 관장으로 근무하시기도 하였다. 도쿄대학 방문을 계기로 일본 아이키도 연구에 심혈을 기울였다.

1986년 가을에 용인대학교에 합기도 전공이 개설되면서 외래 교수로 초빙되어 후학들을 지도하게 되었다. 그 당시 학생들이 한국적 합기도를 수련했기 때문에 지도에 애로가 있었다. 10여 년 후에 용인대학교가 합기도 전공을 폐과하고 용무도 전공을 설립하는 계기가 되었다. 그 후 미국 대학에서 한 달 정도 체류하면서 무술을 지도하는 기회가 있었다.

1986년 한양대학교 대학원 박사과정에서 전통적 동양체육인 무술과 도인법(導引法)에 관하여 연구하며 박사 학위 논문으로 도인(導引, 기공(氣功)의 구 명칭) 수행이 호르몬(β-Endorphin, Cortisol, ACTH(부신피질호르몬), 수질호르몬인 Epinephrine 호르몬과 Norepinephrine 호르몬)에 미치는 영향을 써서 1993년 2월, 한양대학교 대학원에서 이학박사 학위를 취득하게 되었다.

항시 중국에 연구하러 가 보고 싶었던 차에 기회가 왔다. 1992년 8월 한중 수교가 이루어져 1994년에 중국 베이징체육대학에서 중국의 전통체육인 우슈타이치(武術太極)와 치궁(氣功)을 연구할 수 있었다. 물론 홍콩이나 대만을 통하여 중국 무술과 기공을 접할 수 있었지만 만족할 수 없었다. 1994년 중국 베이징체육대학에서 연구한 결과, 1998년도에 베이징체육대학에서 주최한 논문 발표 대회에서 태극권 수련 전후의 호르몬 비교 연구를 발표하여 최우수 표창을 받기도 하였다. 그리고 중국 베이징체육대학의 장광더(張廣德, 1932-2022) 교수를 중심으로 활약하는 중국 도인양생공의 전수자가 되기도 하였다. 또 잊지 못하는 것은 장 교수와 각 지방을 다니면서 그의 작품인 도인양생공법의 우수성을 강연한 일이다. 또한 옛 고구려 무예를 연구하기 위해 고구려 터전이었던 요녕성 선양과 지안 등을 찾아 보기도 하였다.

1998년 8월에 중국우슈협회에서 단위 제도를 도입하고 최초로 단위 심사를 개최하여 세 분에게 고단위 9단위를, 십여 분에게 8단위를, 칠십여 분에게 7단위를 수여하게 되었다. 이듬해 1999년 8월에 외국인들에게 심사를 실시하여 태극권으로 심사를 거쳐 우슈 7단위로 승단하였으며 중국협회로부터 태극권 보급 공로상을 받았다.

국제적으로는 시안(西安)체육대학, 하얼빈사범대학 등을 비롯, 수 개의 대학의 객원교수를 역임하였다. 2012년 중국 정부가 주도하는 국제헬스치궁(氣功)연합회 설립에 기여하고 초대 집행위원에 당선되기도 하였다.

그 후 대한우슈협회 부회장, 한국도교학회와 한국무도학회의 부회장을 역임하였다. 국민생활체육 전국선술연합회를 창립하여 2010년 5월에 국민생활체육회에 가맹하여 전국적으로 확산시켰다. 또한 대한체육회의 무예위원으로 활동하고 명지대학교에서 많은 우슈 국가대표를 양성하였으며, 사회교육원에 전공을 설치하여 중국의 건강법인 치궁(氣功) 지도자를 양성하였다. 또 일본 무술인 대동류 유술계에서도 수많은 지도자를 배출하였다. 한국국립무용단에게 선무예를 지도하였고, 지금도 대학과 대학원, 그리고 단체에서 회원들에게 지도를 계속하고 있다.

2016년 당시 대한체육회와 국민생활체육회가 통합대한체육회로 통합되어 자연히 산하 단체로 활약을 하던 차에 전국 조직 부족으로 체육회에서 탈퇴해야 되는 상황에 처하게 되었다.

조건은 부족한 시도협회를 보충하여 가입하라는 것이었다. 지방협회를 조직하는 것이 쉽지 않았다. 조건이 매우 까다로워서 고전을 면치 못하였다. 법인화를 준비하여 2020년 12월에 드디어 서울특별시로부터 사단법인대한선무예협회라는 명칭으로 허가를 받게 되었다.

당시에 코로나로 인하여 운영하는 데 어려움이 많았다. 2021년 문화체육부의 도움으로 보급용 동영상을 촬영하여 홍보에 도움이 되었다. 그 내용은 선술 부분 중 풍류도인법과 환단법, 무예 부분으로 풍류장, 풍류선, 풍류곤을 준비하게 되었다.

국제 관계 역시 활발치 못하였으나 2023년 8월 일본 도쿄 세계대회에 참여하고 2024년 8월에 중국 베이징체육대학에서 열리는 국제대회에 참여하였다. 이어서 10월에 중국 쿤밍시에서 열린 중국 전통체육대회에 참여했으며 2025년 중국 탕산시에서 국제 도인양생공연합회 결성식에 참여하고, 7월 21일에 열리는 세계헬스치궁대회와 9월에 장수성 장인시에서 열리는 전통체육대회에 참여하기로 하여 준비 중에 있다.

저서 또한 운동해부학, 사회체육론, 마찰의 비전, 42태극검, 스트레칭 저서 수 권, 동방선술, 동방선학, 선무예 등과 역서 또한 수 권을 편저하였다. 또한 연구논문도 다수 발표하였다.

수십 년의 연구 결과를 한 권에 담으려고 수정, 보충을 하다 보니 누더기가 된 것 같다.

안타깝고 아쉬운 점은 1981년에 교수로 부임하여 무예 학과를 설치하는 것이 목표이기에 우선 동방 무예 연구소를 설치하여 한중일 무예를 연구하기 시작하였다.

1990년도에 당시 사회체육학과 설치붐이 일어났다. 체육학과 교수로 재직하면서 우선 사회체육학과를 설치하여 초대 학과장을 임명받아 학과 발전에 온갖 노력을 하여 일부의 무예 전공 학생을 선발하여 일본 도쿄대 학과 교류를 하기 시작하였다. 이어서 1992년에 한중수교가 이루어져 1년간 베이징 체육대학에서 연구를 하며 교류를 하기 시작하였다.

또 2000년대 초에 대학원에 기공학과를 설치하여 학과 발전에 노력을 기울여 왔다. 2012년에 퇴직하면서 더 이상 발전을 기대하기 어려웠다. 퇴직 이전부터 현재까지 사회교육원에 전통무예과를 설치하여 운영하고 있다. 또 하나 2016년 에 대한 체육회와 국민생활체육회가 통합하였으나 조직 부족으로 체육회에 남아 있지 못한 것이 통탄스럽다.

이제 모든 것을 정리하고 5년 전 사단법인 대한선무예협회를 조직하여 무맥을 이어 가고 있다. 다행히 국제 헬스치궁 연합회에 가맹되어 국제 교류는 활발히 하고 있다.

2. 선무예(仙武藝) 공법 연구의 배경

1981년 교수로 부임하여 한국의 전통적인 양생법과 무예에 대하여 본격적으로 연구하기 시작하였다. 먼저 조선의 《무예도보통지》를 연구하였으며 대표적인 의서(醫書)이자 각종 양생법을 수록한 《동의보감》과 퇴계 이황의 《활인심방(活人心方)》, 북창 정념의 《용호비결(龍虎秘訣)》을 중심으로 연구하였다. 그런데 《동의보감》과 《활인심방》에 수록된 많은 도인법들이 중국의 문헌을 참고했다는 것을 알게 된 후에는 중국을 드나들었다. 또한 우리나라의 대표적인 고대 수련단체인 화랑도와 고구려의 조의선인(皁衣仙人)에 대하여 연구하기도 하였다.

한편 중국의 전통적 양생 수련법은 불교와 도교의 영향을 받아 발전하여 오늘에 이르렀다. 중국은 수련법과 관련하여 많은 학문적 기록과 정형화된 수련법이 많이 남아 있고, 오늘에 이르러 태극권 등은 국제 스포츠에 경기(競技)화되기도 하였다. 중국의 수련법의 특징은 불교와 도교에서 발전한 공법과 무술에서 양생법으로 발전한 세 가지로 크게 나눌 수 있다. 그러한 것이 동아시아로 퍼져 나가 그 나라의 수련 문화에 영향을 미쳐 오늘에 이른 것이다.

이에 비하여 한국은 고대로부터 자생적(自生的)인 수련법이 없었던 것은 아니다. 다만 그것이 중국과 같이 학문적으로 또 정형(定型)화된 공법으로 남아 있지는 않다. 중국 수련 이론의 효시로 삼는 《음부경(陰符經)》은 자부선인이 중국의 황제(黃帝)에게 전한 것으로 《사기(史記)》에 기록되어 있다. 자부선인은 동이(東夷)족으로 우리의 조상이라고 할 수 있다. 중국 수련 공법의 특징은 단합된 수련보다는 그 개인이 신선(神仙)이 되어 장생불사하려는 목적이 뚜렷하다. 이것이 도교(道敎) 수련의 특징이기도 하다. 한국은 그렇지 않다. 모여서 수련하고 그리고 다수의 이익을 위하여 수련하고 사용하는 것이 중국과 다른 특징이다. 신라의 화랑(花郞)이 그렇고, 고구려의 조의선인(皂衣仙人)이 그렇다.

한국의 독특한 수련 문화의 특징을 선술(仙術) 또는 선무예(仙武藝)라고 표현하여 사용한다. 본인이 설립한 국민생활체육의 전국 단체인 '사단법인 대한선무예 협회'에서도 이 명칭을 사용하고 있다.

선무예의 의미는 크게 두 가지로 나누어 정의할 수 있다. 그 하나는 광의(廣義)의 개념으로 우리 민족의 모든 몸짓을 선술(仙術)이라고 정의하였으며, 협의(俠義)의 의미로는 한국 민족의 무예(武藝)를 통해 이루어지는 몸짓으로 정의하고 있다. 광의(廣義)의 선술(仙術)은 그 몸짓에 따라서, 한국무용, 수박, 수박희, 활쏘기, 탈춤, 강강술래, 십팔기 무예, 그리고 한편으로는 의술(醫術)로 발전하여 오늘의 특색이 있는 한국 문화를 이루었고, 그것이 동남아와 중동, 그리고 세계로 번지면서 한류(韓流, Korean Wave)라는 독특한 문화를 형성하기에 이르렀다. 한류는 현대에만 존재하는 것이 아니다. 통일신라 시대에는 장보고를 통하여 중국과 동남아에, 그리고 조선시대에는 통신사를 통하여 일본에 한국 문화를 그곳의 대중문화화한 것이 오늘의 한류와 다름이 없다. 한류의 깊은 곳에는 개인보다는 다수의 이익을 취한다는 홍익(弘益)정신이 깔려 있다. 그래서 외국인이 열광하는 것이다.

풍류(風流) 도인법(導引法)과 풍류장(風流掌), 풍류검(風流劍), 풍류곤(風流棍), 풍류선(風流扇) 등은 이러한 한국적인 요소를 바탕으로 창안된 것이다. 선비의 참되고 멋스러운 일상의 생활을 상징적으로 도인법에 표현한 것이다. 이 도인법을 선비와 같은 마음으로 수련하면 심신(心身)의 이완(弛緩)과 함께 안정되고 즐거움까지 느낄 수 있다. 이러한 한국적인 사상적, 문화적 바탕 위에서 개발된 선무예는 당연히 재평가되어야 하고 그 효과를 임상(臨床)을 통해서 검증하여 한국적인 수련법에 목마른 우리 현실에 우리의 것을 수련하는 활력소로 삼아야 한다.

2025. 4. 11. 무예진흥 공로상 시상 후

부록

선무예(仙武藝)로 고대선도(仙道)문화를 부활시킨다

> 이 부록의 내용은 《한국의 무예마스터들》(박정진 지음, 살림출판사, 2020)의 일부를 발췌, 인용한 것임을 밝힙니다.

동아시아 무예를 섭렵한 무예인은 어떤 생각을 할까. 전쟁과 사냥의 수단으로 출발한 무예는 과학기술의 발달과 더불어 각종 첨단무기, 가공할 무기가 등장한 지금 어디를 지향하고 있을까. 적에게 승리하기 위한 수단이었던 무예는 역설적으로 개인의 건강과 세계평화를 지향하고 있다. 오늘날 세계 각처에서 벌어지고 있는 무예나 스포츠대회는 모두 평화를 목표로 하고 있다. 고대 선술(仙術)의 복원자인 허일웅(許一雄) 교수(명지대 명예교수)는 "결국 무예는 오늘날 건강과 호신술, 그리고 세계평화를 위한 신체적 축제로서 자리매김한다."고 말한다.

그는 중학교에 진학하여 보이스카웃 단원이 되면서 옛 삼국시대의 고구려의 조의선인과 신라의 화랑들의 전기를 읽으면서 무예의 길로 들어서게 된다.

고교 시절에 이미 무예의 상당한 수준에 도달하였던 허일웅 교수는 60년대 대학생으로 초반 국술원의 태동기에 창범으로 참가하게 된다. 부산 국술원 본원은 서인혁, 이한철, 김무진 등이 운영하고, 서울에서 김종윤과 함께 국술관을 운영하였다(64년). 60년대 초반 합기도의 판도는 지한재의 성무관(마장동), 김무홍의 신무관(종로), 그리고 서인혁의 국술원(부산)으로 분포하였다. 그 후 합기도무예는 대한기도회(65년 6월)를 중심으로 재편되었다. 당시 허일웅은 사무국장을 맡게 된다. 대한기도회(김두영)는 다시 한국합기도협회(김무홍), 국제연맹합기도(명재남)와 연합하여 1973년 대한민국합기도협회(총재 김우중)를 발족하게 된다. 합기도는 그 후 이합집산하면서 수많은 단체(한국무술계의 70% 정도)를 양산하면서 오늘에 이른다.

한국 근대무예사를 크게 보면 태권도와 합기도 계열로 나눌 수 있는데 태권도는 오늘날 올림픽종목이 될 만큼 국제스포츠로 성장하였고, 국기로서 자리매김하였다. 그러나 합기도는

아직 통합을 하지 못하고 있다.

　허일웅 교수는 한국 근대무술의 산증인이다. 60년대 부산과 대구는 한국 근대무예의 본거지라 할 수 있었다. 최용술은 대구 북성로에서 유권술을 가르치고 있었고, 장인목은 대구역 앞(중앙통)에서 '합기도 국무관'이라는 간판을 내걸고 대동류 유술을 가르치고 있었다. 허 교수는 일본 대동류의 정통인 장인목 선생으로부터 다께다 소오가꾸(武田總角)의 대동류를 사사하게 된다(1966년). 그 후 대동류 수련을 계속하여 장인목(張寅穆, 1915~2004) 선생으로부터 2002년 9월 후계자로 지명되어 비전목록을 받게 된다. 고 장인목 선생은 1930년대에 일본 홋카이도에 대동류 유술도장 송무관에서 약 8년간의 수련을 하고 비전목록을 받고 해방시기에 귀국하였다.

허 교수의 무예 인생의 전기는 75년 1월 영국무예협회 초청으로 합기도와 십팔기사범으로 체류하는 동안 일본 아이키도(合氣道)와 중국의 타이치(太極拳)를 접하게 되어 생각하는 바가 많았고, 서둘러 귀국길에 홍콩을 들러 체계적인 공부를 위해서는 대학원에 진학하여야 한다고 생각하고부터였다. 1977년 명지대학교 대학원 체육학과에 입학하였고, 79년 대학원 졸업 후 강사 생활을 거쳐 1981년(34세)에 명지대학교 체육학과 교수로 일찍 취임하게 된다. 1986년부터는 용인대 무도학과에서 외래교수로 출강하게 되어 합기도를 지도하고, 아이키도의 본격적 연구는 1986년 5월 일본 도쿄대학 아이키도부 학생들을 이끌고 한국에서 유일하게 합기도부가 있는 명지대학을 방문한 현재 일본 아이키도의 최고수인 다나카(田中) 선생을 만나 일본 아이키도의 수련 계기가 되었다. 대학 교수로의 변신은 그에게 세계적인 안목으로 무예를 보는 능력을 길러주었다.

 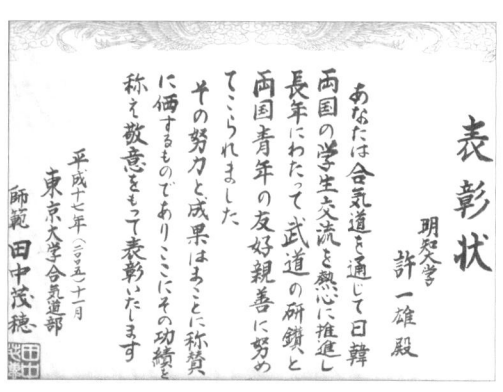

메이지신궁 관장 다나카 선생의 무도교류 표창장

선술(仙術)연구는 1981년도에 명지대학교 체육학과에 교수로 부임하면서 본격화되었다. 평소 이상적인 양생무예를 생각하고 있었다. 더구나 1986년 한양대학교 박사과정에 진학하면서 선술(仙術)연구에 박차를 가하여 선인(仙人)들의 수행법인 도인법(導引法)과 각종 공법에 관하여 허준 선생의 동의보감을 비롯하여 조선의 무예도보통지를 연구하였으며 조선시대의 세계적인 유학자이며, 학문이 사변에 그치지 않고 지행병진(知行竝進)의 실천적 삶을 살고, 많은 병고에 시달리면서도 당시로는 장수(長壽)의 수를 누린 퇴계 이황의 활인심방(活人心方), 북창 정념의 용호비결(龍虎秘訣)을 중심으로 연구하였으나, 동의보감과 활인심방에 수록된 많은 도인법들이 모두 중국의 문헌을 참고한 것이라는 자각(自覺)이 있어 중국을 넘나들었고. 또 우리나라의 고대 대표적인 수련단체인 화랑도와 고구려의 조의선인(皁衣仙人)에 대하여 연구하였지만 정형화된 수련법이 알려져 있지 않다.

각종 도서를 집중적인 연구를 하게 되어 박사 학위 논문 제목도 도인법(導引)에 관하여 연구하여 약 10년에 걸쳐 선술의 초석을 마련하게 된다.

1986년 한양대학교 대학원 박사과정에서 전통적 동양체육인 무술과 도인법(導引法)에 관하여 연구하며 박사 학위 논문으로 도인(導引, 기공(氣功)의 구 명칭) 수행이 호르몬(β-Endorphin, Cortisol, ACTH(부신피질호르몬), 수질호르몬인 Epinephrine 호르몬과 Norepinephrine 호르몬)에 미치는 영향을 연구하여 1992년 2월, 한양대학교 대학원에서 이학박사 학위를 취득하게 되었다.

이학박사 학위를 취득하자마자 1994년에 중국 기공(氣功)에도 관심을 넓혀 세계적인 기공학의 대부인 장광덕 선생(1932~2022, 북경체육대학 우슈과, 도인양생원장)으로부터 도인양생술(導引養生術)과 양생태극장(養生太極掌)을 전수받게 된다.

장 선생은 자신의 폐암을 양생법으로 치유하는 바람에 국제적으로 유명해진 중국의 대기공사다. 장 교수와의 만남은 선술 도인법의 폭을 넓혀 주었다.

1997년 양생태극 전수의식

1998년 중국우슈협회 7단위 증서

또 1998년에 태극권이 인체에 미치는 영향에 관한 논문을 베이징체육대학에서 발표하게 되어 1등상을 받기도 하였다.

또한 1999년 8월에 중국우슈(wushu)협회에서 실시한 우슈 승단 심사에서 타이치로 7단위를 받게 되었다. 한국인으로서 최초의 일이다.

허 교수는 93년 한양대학교에서 '도인수행(導引修行)이 혈장(血漿)에 미치는 영향'으로 이학박사학위를 받는다. 그가 선술을 무예체육인의 최종목적으로 삼은 것은 바로 선술이야말로 건강과 평화를 도모하는 평화무술이라는 점에서다. 무예와 스포츠의 학문과 실기를 겸비한 허 교수는 이제 제자들을 길러서 선술의 대를 잇게 하는 것이 여생의 목표이다.

중국 정부에서는 우슈와 치궁을 전통체육으로 육성하기 위하여 정부 내 국가체육총국에 치궁관리부를 설치하여 대대적으로 지원하고 있다.

2003년경에 조직을 서두르고 또 국제적으로 확산하기 위하여 2012년 8월에 항조에서 국제헬스치궁연합회를 결성하였는데 허 교수도 초대 집행위원 선거에서 당선되기도 하였다.

2012년 국제헬스치궁연합회 집행위원

집행위원 당선증서

선술(仙術)은 동아시아 한자문화권이 고대로부터 공유하고 있는 선도(仙道)의 실천법이다. 역사의 원류를 거슬러 올라가면 태초에 어떤 문화가 있었을까, 궁금해지지 않을 수 없다. 우리는 흔히 우리의 조상으로 환인과 환웅, 단군을 말하고, 천부경(天符經)을 인류 최고(最古)의 경전으로 내세우고 있다. 이에 반해 중국에서는 복희와 신농, 황제 등 삼황을 거론하고, 주역(周易)을 자랑한다. 한국과 중국이 들먹이는 조상은 다르지만, 이들은 모두 '선도문화'를 가지고 삶을 운영한 것으로 파악되고 있다.

선도문화는 특히 한국에서는 풍류도, 화랑도, 현묘지도(玄妙之道) 등 여러 이름으로 불리면서 우리에게 전해 내려오고 있지만 그 정체를 파악하기란 쉽지 않다. 그래서 한국과 중국과 일본은 서로에게서 문화를 배우고 복원하면서 자신의 문화를 가꾸어가기 일쑤다. 그만큼 공통의 문화원류를 가지고 있기 때문이다. 이들 3국은 고대에서부터 수많은 정복과 전쟁 등으로 인적 자원의 이주와 활발한 문화교류를 이루어왔다. 따라서 이들이 구가하고 있는 문화요소 중 상당수의 것이 누가 원류인지를 알기 쉽지 않다. 선술(仙術)도 그 대표적인 것이다.

선도는 동양의 3대 종교인 유불선의 바탕이 되는 도이다. 따라서 선도는 동양종교의 근본이 되면서 동시에 선도 특유의 양생술(養生術)과 함께 독자적인 종교를 형성하고 있기도 하다. 선도는 지극히 개인적인 득도(得道) 혹은 우화등선(羽化登仙)을 추구하는 경향으로 여느 고등종교들처럼 강력한 교단을 형성하지는 못하고 있다. 그렇지만 선도의 비법을 사자상승을 통해 지금까지 내려오고 있으며, 현대의학이 제공하지 못하는 신체의 세균저항력이나 면역체계에 효험이 입증되면서 도리어 각광을 받고 있기도 하다.

현대 국내에 선술인구는 대체로 백만 명에 이를 정도라고 한다. 웬만한 스포츠·무예단체들도 선술을 표방하지 않더라도 모두 호흡과 관련되는 도인법과 양생훈련을 포함하고 있는 게 사실이다.

평생을 무술과 무예의 연마에 바쳐온 허일웅 교수는 지난 1993년, 일본과 중국의 오랜 유학을 통해 얻은 합기도와 기공의 액기스를 뽑아 선술이라는 종목으로 집대성했다. 다시 말하면 선술이라는 이름하에 자신이 배운 모든 무예와 체육의 지혜를 재정립하고, 선술의 기술이 일반대중에게 보급됨으로써 건강과 행복을 증진할 것을 염원했다. 그의 문하에는 현재 수백 명의 제자들로 붐빈다.

상대방에 대한 과격한 공격보다는 자신의 몸의 양생과 정신적 평화를 도모하는 선술의 '평화무술로의 특성'으로 특히 그의 문하에는 최근 중년 여성제자들이 많다. 선술은 어쩌면 어떤 무술보다도 여성무술로서의 특성을 지니고 있다고 해도 과언이 아니다. 선술에 오래 도취하면 저절로 평화로운 세상을 추구하기 마련이다.

한국인의 이상형은 어떤 인물일까. 아마도 신선(神仙)일 것이다. 천부경이 추구하는 이상세계는 신선의 세계이고, 신선의 세계는 굳이 사후에 전개되는 세계도 아니다. 이승과 저승의 구분이 없는 세계가 바로 신선의 세계인지도 모른다. 말하자면 죽음을 두려워하지 않으면서 양생을 통해 살아있을 때에 건강과 안심입명을 이루는 것이 신선이다.

"인간은 의식적 또는 무의식적으로 자연환경을 수용하여 극복하는 적응을 통해 생존하면서 나름대로 선술문화를 현재까지 전해왔습니다. 시대에 따라 종족유지 방법과 수단은 차이가 있지만 선술은 인류의 기원과 함께 존재했고, 사회의 요구에 따라 그 시대의 특질을 나타내면서 현재에 이르렀습니다."

선술(仙術)은 고래의 정기신(精氣神)론과 음양오행론(陰陽五行論), 경락학(經絡)에 기초하고 있다. 정기신(精氣神)은 기론(氣論)적 인간관에서 보는 동양의학의 생리학이라고 할 수 있다. 이 삼자는 생명의 유기적(有機的)인 구성요소이다. 선술(仙術)의 모든 움직임과 원리는 모두 상대적 관계론인 음양오행의 원리에 따른다.

"경락(經絡)은 동양의 의학과 양생학에서 인체를 통일된 하나의 유기체(有機體)로서 설명하는 요체입니다. 경(經)은 머리에서 발까지 인체의 종적(縱的)인 흐름을 의미하고, 락(洛)은 횡적(橫的)으로의 흐름을 의미합니다. 경락(經絡)은 인체 내의 전신의 기혈을 운행하고 장부와 사지, 관절을 연락하고 상하 내외를 연계시키는 통로입니다."

선술, 혹은 선무예의 동작은 의식적으로 선회하는 가운데 움직이며, 목적적으로 선회하며 행공을 한다. 움직임은 선회로부터 시작되어 행하는 것은 감는 것에서 정지한다. 이는 온몸의 경락(經絡)을 소통시키고 전신의 기와 혈을 막힘없이 잘 통하게 하는 것을 추구하기 때문이다.

선술(仙術)의 요소는 크게 조신(調身), 조식(調息), 조심(調心)으로 나뉜다. 조신은 기초이고, 조식은 중개자이며, 조심은 조신과 조식을 주도한다. 선술이 다른 체육활동과 구별되는 것은 조심과 조식의 활동뿐만이 아니라 조신, 조식, 조심의 삼조가 합일을 통해 심신의 조화를 강조하는 것에 있다.

허 교수가 개발한 양생공법은 호흡법(좌식호흡법, 와식호흡법, 입식호흡법), 환단법(還丹法: 입식단법, 전신양생법), 그리고 선(仙)의학(근육교정, 골격교정, 척추교정) 등으로 나뉜다. 선무예 공법은 양생풍류장(養生風流掌: 도수법), 양생풍류검(養生風流劍: 검법), 양생풍류봉(지팡이), 양생풍류곤(養生風流棍: 우산), 양생풍류선(養生風流扇: 부채), 그리고 마지막으로 선술호법(仙術護法: 자위 호신법) 등이 있다. 허 교수는 고래의 선술의 요체를 요약하면서도 오늘의 보통 사람들이 수련을 할 수 있도록 새롭게 프로그램화했다. 선술은 보건성과 예술성과 무예성을 갖춘 삼박자 무예스포츠이다. 선술은 심신화합은 물론이고, 사람과 사람의 화합을 추구한다는 점에서 미래무예 스포츠로 각광을 받고 있다.

허 교수는 한양대학교 체육학과(1964년 입학)를 재학할 당시 전국을 순회하며 각종 무술인들을 만나 무술교류를 통하여 무술의 폭을 넓히고 특히 일본에서 대동류 유술을 수학한 장인목 선생에게 대동류 합기유술을 사사(1966년)를 했으며, 수년 후에 대한국술회 총본부를 설립했다(1968년). 이어 명지대학교 체육학과 교수(1981년), 한국 아이키도연맹 설립 회장(1991년). 중국 베이징체육대학 연구교수(1994년), 대한기공협회 설립 회장(1995년) 등을 거쳐서 한국도교학회 부회장(2003년), 대한우슈협회 부회장(2004년), 한국무도학회(2009년)의 부회장을 역임하였으며, 2010년에 국민생활체육 전국전통선술연합회를 창립하였다. 또한 대한체육회의 무예위원이며 국제적으로는 시안(西安)체육대학을 비롯, 수 개의 대학에 객원교수를 역임하였고 2012년 중국정부가 주도하는 국제헬스치궁(氣功)연합회 설립에 기여하여 초대 집행위원에 당선되었다. 또 2017년 3월 통합 대한체육회에 자동 통합되기도 하였다.

또한 전통무예진흥법이 통과됨에 따라 2019년 4월에 초대 문체부 전통무예 자문위원으로 활약하기도 하였다.

그의 무술실력은 중국우슈협회 공인 7단(1999년), 양생태극 전수자(1998), 대동류 합기유술 승계자(2002년)와 아이키도 수련에서 엿볼 수 있다. 대한체육회 스포츠과학 연구상 수상(2004년)과 중국 베이징체육대학이 주최한 태극권 수련이 호르몬에 미치는 영향을 발표하여 (1998년) 1등상을 받는 등 스포츠의 과학화에도 괄목할 만한 업적을 보였다.

저서 또한 운동해부학, 사회체육론, 마찰의 비전, 42태극검, 스트레칭 저서 수권, 동방선술, 동방선학, 아이키도, 선무예, 기공학 총론 등과 역서 또한 수권을 편역하였다. 또한 연구논문도 다수 발표되었다.

지금도 서울을 비롯한 제주도까지 30여 개의 지역 선술협회를 이끌고 있다. 국제적으로는 중국에 있는 국제헬스치궁연합회에도 정회원으로 가맹되어 있으며 초대 집행위원을 역임하였다.

허 교수는 양생무예 가족으로서도 유명하다. 2003년 3월에 YTN방송을 통하여 전국에 소개되기도 하였다. 부인 박현옥 교수(이학박사, 명지대학교 미래교육원 전통무예 전공 주임)는 선술의 대모로 통하고 있고, 아들 허재원은 고교 시절(1996년) 제1회 우슈선수권대회에서 장권, 도술 등에서 금메달을 획득하였고 현재는 대학원 박사과정에서 양생무예를 전공하며 한편 '중국 국제헬스치궁(氣功)대회'에서 수차례 입상을 하여 앞으로의 기대가 매우 크다.

또한 2020년에 협회를 발전시키기 위하여 서울특별시에 사단법인 대한선무예협회를 법인화하였고 2022년 특허청에 제출하여 2024년 9월 20일에 상표등록도 하였다.

참고문헌

국사편찬위원회(1987), 《中國正史朝鮮傳》, 서울: 국사편찬위원회

국사편찬위원회(2007), 《나라를 지켜낸 우리 무기와 무예》, 서울: 국사편찬위원회

박제가·장용영·백동수(1790), 《무예도보통지》, 규장각

한국민속학술단체연합회(2009), 《무형문화유산의 보존과 전승》, 민속원

박기동(1990), 〈한국체육사상에 있어서 풍류〉, 《강원대학교 체육과학연구소 논문집》, Vol. 15, p. 37~45

박병관(2010), 〈청한자 김시습의 내단사상 연구〉, 한서대학교 건강증진대학원, 석사 학위 논문

박완식(2005), 《성리자의》, 서울: 여강출판사

박현옥 외 3인(2003), 《도인양생기체조》, 서울: 북피아

박희진(1996), 〈풍류도란 무엇인가?〉, 《숲과문화연구회 학술지》, Vol. 5 No. 4, p. 53~5

이영훈(2010), 〈무도의 삼조수련 방법론으로서 풍류도인법에 대한 해석〉, 명지대학교 산업대학원, 석사 학위 논문

이인상(1992), 《한자원리 자해집》, 서울: 미래문화사

이중재(1994), 《상고사의 재발견》, 서울: 동신출판사

이현수(2004), 〈성경의 양생학적 문헌연구〉, 명지대학교 사회교육대학원, 석사 학위 논문

이현수(2006), 〈용호비결의 수련방법론적 고찰〉, 《한국정신과학학회지》, Vol. 10-1, p. 1~20

이현수(2007), 〈퇴계의 활인심방에 나타난 양생사상과 수련방법〉, 명지대학교 대학원, 박사 학위 논문

이현수(2009), 〈한국 선도(仙道)의 발생 연원(淵源)과 그 특성에 관한 연구〉, 《국제선도학회 창립 기념 학술대회 초청논문》, p. 1~44

張有寯(1993), 《養生大全》, 中國 天津: 天津人民出版社

최영성(2010), 〈최치원의 현묘지도와 儒·仙 사상〉, 《국제선도학회 제4회 국제선도컨퍼런스 논문집》, p. 31~58

허일웅(1992), 〈도인 수행이 혈장 β-Endorphin, ACTH, Cortisol, Epinephrine, Norepinephrine에 미치는 영향〉, 한양대학교 대학원, 박사 학위 논문

허일웅·감계향(1998), 《42식태극검》, 정담출판사

허일웅(2005), 《동방선학》, 서울: 명지대학교 출판부

허일웅·이현수(2006), 〈선도수련의 원리와 수련방법론으로서의 절수련(丹拜功) 고찰〉, 《명지대학교 예술체육논총집》

허일웅·이현수(2007), 《기공학 개론》, 서울: 명지대학교 출판부

허일웅(2007), 《동방선무예》, 서울: 명지대학교 출판부

허일웅(2008), 《양생태극장》, 서울: 명지대학교 출판부

허일웅(2020), 《전통선술》, 서울: 혜민북스

허일웅(2021), 《기공학총론》, 서울: 청풍출판사

허일웅(2023), 《선무예》, 서울: 토담출판사

저자 소개

- 1964. 03   한양대학교 체육대학 입학, 무술부
- 1965. 03   전국 순회 무술 지도
- 1967. 03   대동류 합기유술 장인목선생에게 사사
- 1968. 05   대한국술회 설립
- 1970. 05   서울시 을지로4가, 대한국술회 본부 이전
- 1976. 01. 31 영국 무예 협회 초청 영국 방문 지도
- 1979. 02   명지대학교 대학원 체육학 석사학위 취득
- 1881. 03. 01 명지대학교 체육학과 교수 취임
- 1982. 03. 02 동방 무예 협회 명칭 변경
- 1986. 05. 16 일본 도쿄대학 아이키도부 교류, 방문
- 1986. 09. 01 용인대학교 합기도 외래 교수
- 1987. 07   오스트레일리아 무술 지도차 방문
- 1990. 11   일본 도쿄대학 방문, 한일 아이키도 교류
- 1991. 05. 04 한국 아이키도 연맹 설립, 회장 취임
- 1993. 02. 25 한양대학교 대학원 이학박사 취득

- 1994. 08. 15   중국 베이징체육대학 연구
- 1995. 04   일본 수험도 본부 선무예 시범
- 1995. 05   대한기공협회 설립, 회장 취임
- 1998. 05   중국 양생태극 전수자
- 1999. 08   중국 우슈협회 공인7단 승단
- 2002. 09. 28   대동류 합기유술 승계자 계승
- 2003. 01   일본 월간잡지 비전 소개 대동류 승계자
- 2004. 02. 11   대한체육회 스포츠과학 연구상 수상
- 2004. 04   대한우슈협회 부회장
- 2004. 03. 31   한국도교문화학회 부회장
- 2006. 09. 11   타이치신문 명예회장
- 2005. 11. 08   일본 명치신궁 관장 아이키도 한일교류 공로상 수상
- 2008. 02. 20   대동 아이기도 전서 출판
- 2008. 11. 01   중국 서안 체육대학 객좌교수
- 2009. 07. 01   대한무도학회 부회장
- 2010. 05. 19   국민생활체육 전통선무예연합회 설립, 회장 취임
- 2012. 03. 01   명지대학교 명예교수
- 2012. 09. 20   국제 헬스치궁 연합회 집행위원 당선
- 2013. 08. 12   대한체육회 무예위원회 위원
- 2016. 03. 29   대한체육회 전통선술협회 회장
- 2016. 08   국제헬스치궁 연합회 법무위원
- 2019. 05   국제선무예학회 설립
- 2020. 05. 20   문화체육관광부 전통무예진흥위원회 위원
- 2020. 12. 22   사단법인 대한선무예협회 이사장 취임
- 2021. 01. 22   대한헬스치궁협회 이사장 취임
- 2024. 09. 22   사단법인대한선무예협회, 특허청 상표 등록

명지대학교 미래교육원 원생 모집

본 사단법인 대한선무예협회는 명지대학교와 MOU를 체결하고 명지대학교 미래교육원에 전통무예 과정을 개설하여 지도자를 양성한다.

본 과정은 건강 지도자, 혹은 전문가 양성 및 이미 활동하고 있는 지도자들에게 새로운 비전을 제시하고자 한다. 그리하여 시대의 흐름에 따라 전문적 기술을 익히게 하고 그 분야에서 유능한 지도자로 거듭날 수 있도록 교육하는 것을 그 목표로 한다.

□ 선무예지도사 과정

선술은 한국 고유의 전통 양생무예로 자아의 생존방위, 혹은 종족 유지를 위하여 자연발생적으로 생겨난 것이다. 보건성, 예술성, 무술성이 매우 뛰어나고 과거의 무예서나 양생법을 현대적으로 재조명하여 개발된 기법이다.

• 수련과정: 도인법, 환단법, 풍류장, 풍류선, 풍류봉, 풍류곤, 풍류검 등

□ **헬스치궁(건신기공)지도사 과정**

건신기공(氣功)은 동양의 전통 양생법으로 몸과 마음과 호흡을 함께 수련하여 근원적인 생명력을 향상하는 양생법이다. 질병을 예방하고 치료하는 보건성도 매우 우수하며 동작 또한 우아하다. 특히 중국 정부 국가체육총국에서 세계적으로 추천하는 우수한 공법으로, 기공지도사 과정은 중국 건신기공협회와 베이징 체육대학교와의 교류로 매년 학술세미나와 국제경기에 참여하여 질적 수준을 높이고 있다.

• 교육과정: 역근경, 오금희, 육자결, 팔단금, 도인양생공 12법, 마왕퇴 도인술, 대무 등

□ **타이치(太極拳)지도사 과정**

타이치는 중국이 자랑하는 전통무술로 안으로는 마음을 다스리고 각종 장기를 비롯한 내분비계, 신경계, 호흡기계 등을 다스리며 밖으로는 체력과 근골을 다스려 병이 있는 자에게는 치료를, 건강한 자에게는 예방을 중시하는 것을 위주로 만들어진 양생법으로 많은 사람들이 장소와 환경에 구애받지 않고 수련할 수 있다.

- 교육과정: 타이치장, 타이치선, 타이치검, 타이치도 등

□ **도인양생공 과정**

현대의 급격한 물질문명은 생활의 편리를 가져왔으나 피해 또한 적지 않다. 인간 본연의 자연성을 잊게 하고 자연치유력과 육감을 둔화시키고 있다. 또한 잘못된 건강지식은 신체를 왜곡되게 하여 갖가지 질병을 초래하고 불균형한 자세는 인간의 삶을 송두리째 빼앗을 수 있다.

- 교육과정: 도인보건공, 서심평혈공, 익기양폐공, 화위건비공, 소근장골공, 형체시운 등

□ **대동무예지도사 과정**

대동무예는 원(圓)의 움직임으로 상대의 힘을 분산, 또는 한 점에 집중시키는 것을 특징으로 한다. 원(圓)운동은 평면적인 무한한 호흡력이 발생한다.

- 교육과정: 호흡법, 수신법, 관절기법, 천지법, 유술법

〈모집요강〉

■ **모집과정**

1) 선무예지도사 과정   2) 건신기공지도사 과정   3) 타이치지도사 과정
4) 도인양생공지도사 과정   5) 대동무예지도사 과정

■ **지원자격**: 학력 및 연령 제한 없음

■ **교육년한**: 각 과정 1년

■ **교육장소**: 명지대학교 용인캠퍼스

■ **자격취득**: 명지대학교 총장 자격증 취득, 협회 심판 자격 취득 가능

■ **특   혜**: 국제대회 출전 가능. 중국 베이징체육대학 도인양생공센터 수련 가능

■ **입학기간**: 매 학기 초

■ **입학문의**: 010-5230-6565, 010-6338-6302

비전 선무예

ⓒ 허일웅, 2025

초판 1쇄 발행 2025년 9월 5일

지은이   허일웅
펴낸이   이기봉
편집   좋은땅 편집팀
펴낸곳   도서출판 좋은땅
주소   서울특별시 마포구 양화로12길 26 지월드빌딩 (서교동 395-7)
전화   02)374-8616~7
팩스   02)374-8614
이메일   gworldbook@naver.com
홈페이지 www.g-world.co.kr

ISBN   979-11-388-4656-1 (03510)

- 가격은 뒤표지에 있습니다.
- 이 책은 저작권법에 의하여 보호를 받는 저작물이므로 무단 전재와 복제를 금합니다.
- 파본은 구입하신 서점에서 교환해 드립니다.